오! 한강 (상)

해방과 전쟁 (1945년~1959년)

오! 한강(상)

해방과 전쟁 (1945년~1959년)

글 김세영 · 그림 허영만

가디언

| 일러두기 |

1. 이 작품은 1987년 전문 만화 잡지 《만화광장》에 2년에 걸쳐 연재되었습니다. 1988년 원정출판사에서 일부를 단행본으로 묶고, 같은 해 도서출판 타임이 완간했습니다. 이후 1995년 팀매니아에서 재출간된 바 있습니다.
2. 이 책에서는 작품의 문학성과 시대상을 고려해 원작 그대로의 느낌을 살려 교열했습니다.
3. 부록은 편집부가 엮었습니다.

차례

하권

작가의 말 _2019년 3월

지난해
남북 두 정상이 손을 잡고 판문점 군사분계선을 넘나드는 장면을 보며
우리나라가 70년이 넘도록 분단국가였다는 걸 실감했다.

너무 오랜 시간이 지났다.
이러다간 남과 북이 함께 살았던 기억을 가진 사람들이 모두 죽고
우리의 아들딸들은
애초부터 남과 북이 다른 나라였다고 생각할지도 모르겠다.

일제강점기를 지나 6·25 전쟁을 겪고도 모자라
우리는 험한 길을 걸었다.
4·19, 5·16, 12·12, 5·18, 6·29….

두물머리에서 남한강과 북한강이 合水되어야
비로소 한강이 된다.
저어기 희망이 보인다.

허영만

작가의 말 _1995년 12월

나는 8·15 해방과 6·25 전쟁 중간에 태어났다.
80년대에는 신세대와 기성세대 사이에 서 있다는 걸 느끼면서
옛 얘기가 완전히 잊히기 전에 아래로 전해줘야 할 의무를 느꼈다.
그래서 《오! 한강》을 그렸다.

당시 시대적 배경이 지금 같지 않아
좀 더 깊이 다루어야 할 내용들을 쉽게 넘어간 아쉬움이 남아 있다.

하지만 방 벽의 못에 걸려 있는 옷들의 먼지가 타지 않게
덮어놓은 가리개를 기억해내 그리면서
옛 추억에 푹 빠졌던 그때를 생각하면
지금도 즐겁다.

허영만

피가 물보다 진하다면
그것은 우리가 따스한 심장을 갖고 있기 때문이다.
무엇이 우리의 혈관을 꿈틀거리게 하는가?
그리고 무엇이 우리를 전율하게 하는가?

어렸을 적에 나는 어린애였다.
누가 아니라고 해도 그랬다.
정말이다.
일하기보다는 꿈꾸길 좋아하는
몽상가였다.

붉은 놀을 보면
가슴이 마구 울렁거렸다.

새벽부터 하늘을
보는 일도 잦았다.

이놈아! 낭구* 우에
호박이라도 주렁주렁 달렸냐!

정신 빠지기 전에 읍내 가서
고무신짝이나 사 오너라.

어…어디서
났소?

*낭구: 나무의 전라도 사투리

마님께서
주시드라.

나라의 모든 생산물이
군수품이란 명목으로
수탈당하던 시절,
일제는 학교나 면사무소 등
각급 기관을 통해
구매권을 배급해주었으나
가난하고 비천한
사람들에게 제 몫이
돌아갈 리가
없었다.

후딱 댕겨오지 못해!
망할 자식…
그러고 있으믄 돈이 나오냐!
밥이 나오냐!

누가 안다요?
호박이 주렁주렁 열릴지….

그랬다.
난 하늘만 쳐다보았고,
오르지 못할 나무만
쳐다보며 살았다.

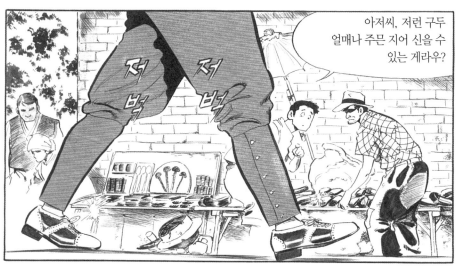

아저씨, 저런 구두 얼매나 주믄 지어 신을 수 있는 게라우?

십 원을 못 구헐 거다.

요새는 돼지가죽 개가죽도 귀헌 판 아니냐?

째끼, 발 하나 육실하게 크네.

커서 도둑질은 잘하겄다.

그런 말씀 마시오 잉. 입살이 보살이란디….

마빡에 피도 안 마른 새끼가
뭘 그리 보냐!

허긴 저 배추 줄거리거치 허연 야스코
얼굴을 보믄 오줌이 잘금잘금 마려울 것이다.

쌔끼야, 가서 찬물로
밥이나 말아 묵어라.
쳐다볼 걸 쳐다봐야지.

장덕배….
마을 사람들은 모두
그를 '뚝배'라고
불렀다.

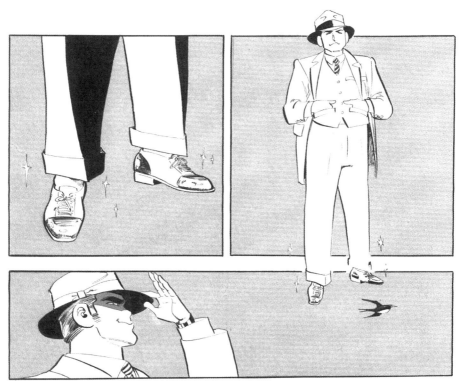

나는 그 검은 통고무신이
다 떨어질 때까지
날마다 야스코를 생각했고,

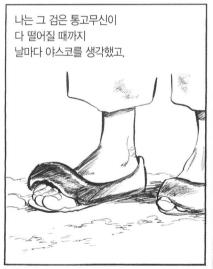

그녀의 새하얀 목덜미와
날렵한 발목이
생각날 때마다
내가 일본인이
아니라는 사실을
원망했다.

어따메~!
저 새끼가 또….

아부지가 니 꼬라지를 보믄
귀퉁배기라도 한 방 째리지
않고는 못 배기실 것이다.
지게 지고 가서
낭구나 하나 쪄 와.

와사사

22

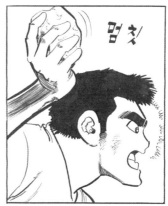

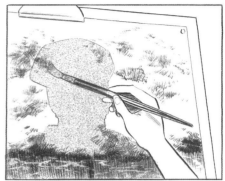

어맛!

웨… 웬일이죠?

나으리께서 가보라고
허셨구마이요.

아… 아빠가?

무슨 일이 생겼나요?

생기고말고!
아주 근사한 일이지 잉.

내… 내게 반말을!

하하하~ 세월이
흐르믄 강산도
변허는 법이라지만
야스다 나으리께서
나를 사위로
삼겠다고 허실 줄
구신이라도
알았겄어!

야스코 니도 잘 알지 잉.
인자부터 헐 일은
꼭 한 가지뿐이란 걸!
조센징도 쪽발이도…

짐승 같은 놈! 감히 내게….

그것은 내게 있어
일생일대의 사건이었다.

수치심, 분노, 질투심, 혐오감,
형언키 어려운 막연한 쾌감 등등
뜨거운 불덩어리 같은 것이
꿀꺽 목구멍으로 넘어갔다.

두 다리는 후들후들 떨렸고,
심장이 꿈틀꿈틀 입 밖으로
기어 나올 것만 같았다.

순간, 나는 뚝배란 존재를 잊었다.
그가 흉악한 깡패라는 것을,
그가 악랄하고 비열한
순사의 앞잡이였다는 것을.

오! 한강 1_해방 27

언 놈인가
했더니…
이마빡에 피도
안 마른 새끼가….

부탁이오.
쥐… 쥑이지는 마….

요 비렁내 나는 새끼!
니도 이런 기회는 놓치고 싶지 않다,
그 말이제? 그려, 쥑이기는 아까분
가시네여.
참말로.

낄낄낄~

뚝배!

뚝배라니?
이 새끼가 미쳤나!

야… 야스다가 알믄
가만 안 놔둘 건디….

으핫 핫 핫핫핫

이 소식도 깜깜한 불쌍한 새끼야! 쪽바리들 세상은 인자 끝나부렀어!

나를 쥑이고 싶어도 쥑일 시간이 없을 걸! 그들 목숨 부지헐라믄 요랑* 소리 나게 달아나야 할 껜게.

＊요랑(요령): 무당이 손에 들고 흔드는 방울

겁먹지 마! 후환은 없을 것잉께! 낄낄낄~

내게 해방은 그렇게 찾아왔다.
나의 감수성에 커다란 칼자국을 남기며
처녀의 피에 젖은 한 폭의 그림과
몇 자루의 붓,
그리고 물감 등을
가져다주었다.

그걸 낭구라고 해왔냐!

팔다리 없는 빙신도 이것보다는 낫겄다!

흔들 흔들

팔푼이 귀싸대기 째릴 새끼!

대체 왼종일 어디 가서 무슨 지랄병을 허다 온 거냔 말이여.

이놈아! 버버리*가 이마빡을 때렸냐?! 왜 말을 못해. 웃옷은 엇다 잡아묵었냐?!

*버버리: '벙어리'의 전라도 사투리

이…잃어 뿌렀구마이요.

에라~ 이 오뉴월에 얼어 뒤질!

영감 그만해두시오 잉.
나가 잘못했그마이요.
아프다는 걸
억지로
보냈드만…

정말이지 이상한 병이었다.

몸에서 신열이 났다.
산에서 돌아오는 길엔
몇 번이나 넘어졌다.

아무런 생각도 나지 않았다.
오로지 야스코가 그리던
그림과 화구를
아무도 모르게
감춰놓길 잘했다는
생각만 들었다.

사흘 동안을
꼬박 그렇게
누워 있었다.

어무니.
그전에 입든
저고리 버려
뿌렸는가요?

안방에
봐라.
기워
놨응께.

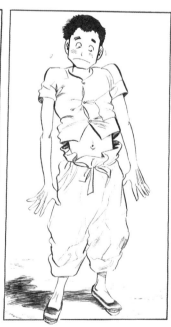

인자 좀
거동혈 만하냐?

예. 논에
물을 안 대도 되까요?

그건 나헌테 맡기고
마님 댁에나
댕겨오니라.

꾸욱

큰아씨가 오신다는디
니가 좀 마중을 갔다 와.

왜 사… 삼득이를
내보내시지
않고…?

삼득이 놈 반 죽었다.

곤장을 맞았다드라.
그래도 싸지.

뭣을
잘못했는디요?

후딱
갔다 오기나 해.
니도 그놈 짝 나기
싫으믄 헛짓거리
허지 말고….

이런 일은
죽기보다 싫다.

더욱이 이 옷
꼬락서니
하고….

어디 가냐?

역에요.

그거 잘됐다.

야, 인마!

그 가시내 어땠냐?

찹쌀떡 맛이었냐?

새끼!

인마! 가슴을 피고 살아.

나가 시방 어디 가는지 아냐?

한양 가신다 이 말이여, 한양… 청운의 뜻을 품고 말이여.

야스… 야스다는?

이런 겁보!

시방부터는 니도 왜놈들을 보믄 뱃길로 차뿌러라. 밟아뿌러도 좋고….

으흐흐흐… 나가 그 야스다 놈허고 요시모토 놈이 소곤대는 걸 엿들었다. 대일본제국은 금방 망해뿐다. 남은 거는 시간문제일 뿐….

그… 그래서 도망치는 거요?

안마! 나가 뭣이 무서워 도망을 가!

아… 아녀요.

덜그럭 덜그럭

강토.
웨…
웬일이야?

사…
삼득이 대신
나왔구마이요.

어머! 무슨 말투가 그래.
내게 존대할 필요 없어.

우린 어릴 때
친구였잖아.
소학교도
같이 다녔고….

그… 그거야.

괜찮아. 인간은 모두 평등해. 머지않아 양반 같은 것은 모두 사라질 거야.

아… 아니 서로 존대를 해야겠구나. 우리도 이제 어른이니까…

가방 이리 주시오.

괜찮아요, 이강토 씨.

누… 누구 맞아 뒤지는 꼴 볼라고…

맞아 죽긴…. 더욱이 넌 우리 머슴도 아닌데….

머슴이나 진배없지요, 뭐….

어서 가시지요.

나 야스다 산페이는 일본인 관리로 천황 폐하의 명을 받아 조선 땅에서 일했소. 내게 주어진 직책을 수행하는 과정에서 오해받고 지탄받을 짓도 많이 하였지만, 그래도 나 스스로는 인간 이하의 행위를 삼가려고 노력했다 자부하는 사람이오.

이 손으로 사람을 쏴본 것도 이번이 처음이오.

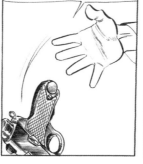

장덕배, 이 사람은 조선인에게 있어서나 일본인에게 있어서나 죽어 마땅한 사람이오.

난 이 자를 죽인 것에 대하여 일말의 죄책감도 느끼지 않을 것이오. 일 분 후에 당신들의 손에 내가 죽는다 해도 후회하지 않을 것이오.

난 이제 등을 돌리고 이곳을 떠날 것이오. 나를 죽여 보내든 살려 보내든 그건 여러분의 자유요.

그 전에 한 가지 기쁜 소식을 들려드리겠소. 물론 조선인들에게만 기쁜 소식이 되겠지만!

약 반 시간 전쯤에 나는 라디오 방송을 들었소! 천황 폐하께서 항복을 선언하겠다는 슬픈 소식이었소!

조선은 해방되었소! 더 이상 독립 만세를 외칠 필요는 없을 것이오!

그러나 나는 매우 걱정하는 바이오. 과연 조선인들이 자신들의 나라를 어떻게 만들어나갈지.

물론 내가 걱정할 것은 아니지만….

야스코….

내게 해방은 그렇게 찾아왔다. 두 사람의 처참한 주검과 함께, 도무지 무슨 뜻인지 알 수 없는 연설과 함께, 그리고 파리한 표정으로 떠나간….

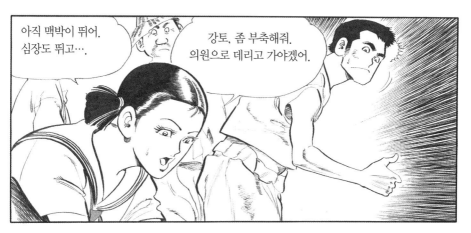

아직 맥박이 뛰어. 심장도 뛰고….

강토, 좀 부축해줘. 의원으로 데리고 가야겠어.

아씨, 그냥 놔두더라고요!

더러운 놈, 죽어도 싸지!

야스다 말이 맞아! 개돼지 같은 인간!

맞아, 매국노!

그래요. 저도 이 사람 소문은 옛날부터 들었어요. 하지만 인간이 인간을 심판해서는 안 돼요. 우리에겐 법이 있고 또 하늘에도 법이 있잖아요.

강토, 어서!

총알은 옆구리를
스쳤을 뿐이구먼.
되려 칼에 잘린
상처가 더 깊은디….

고마워요.
치료비는 내일
보내드리겠어요.

그럴 필요 없어.
정신을 차리든
금방 쫓아뿔건께.

어두껌껌해서야
집으로 돌아왔다.

왜 안 들어가요?

너 돌아가는 것 보고
들어가려고….

그리고 내게
반말하는 것도 듣고.

꼭 그러셔야 된다믄 먼저
삼득이헌테 뭔 일이 생겼는지
알아보드라고요.

안녕히 계십시오, 아씨.

굽신

저벅
저벅

삼득이는 오랫동안
나를 기다리고 있었던 모양이다.

강토!

난 안 그랬어.

앉아서 얘기해.

앉을 수가 없어.

니는 믿어주지?
나는 참말로 안 그랬어.
나가 작은아씨를 희롱허다니
말이나 되냐?

난 다만
작은아씨 치맛자락에 붙은
왕거미를 쳐서
떨어뜨렸을 뿐이야.

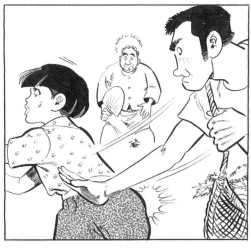

죽은 거미를
보고서도 그러셨단
말이야?

거미는 없어졌어.
물에 씻겨 내려갔나 봐.

네가 큰아씨에게
좀 말씀드려줘,
머슴들에게 잘 해주시니까.

웬일인지 아버지도 어머니도,
내가 깨끗한 옷에
피 칠을 해왔는데도
아무런 말씀이 없으셨다.

해방이
되었기 때문일까?

이 씨 아저씨!

큰아씨께서 이걸 갖다 드리라데요. 강토 옷이 피범벅이 됐담시롬…

아이고~ 이리 고마울디가….

호호~ 강토는 좋겠다.

도로 가져가! 난 그 옷 입고 싶지 않구만!

픽 픽 픽

며칠 사이에 나는
갑자기 어른이 되어야만 했다.
더 이상 어린아이여서는 안 되었다.

그 나무에는
호박 대신
삼득이의 시체가
매달려 있었다.

그렇다.
해방은 내게
이렇게 잔인하게 찾아왔다.

삼득이는 죽었다.
아무리 아니라고 해도 죽었다.
정말이다.

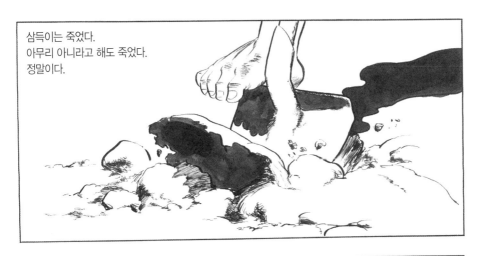

울어주는 사람 하나 없었다.
나도 눈물은 나지 않았다.
뜨거운 땀방울만 펑펑 쏟아졌다.

지이미~
이건 아예
자갈밭일세.

덜컥 덜컥

삼득이, 허리 꽤나
아프겠네 잉.

상놈은 뒈져서도 편치
못한 법이여.

아삭 아삭

강토, 우리
칡뿌리
캐러 가자.

어디로?

따라만 와보랑께.
내가 봐둔 데가
있단 말이여!

탁 탁 탁

아따~ 굵다!

각 각

침 생키지 마.

각 각

곡괭이를
가져올 걸.

힘들지?
교대허까?

내가 허께.
그 동안 구구단 좀
가르쳐줘.

그래. 저번에
육단까지
외웠지?

자, 니도 한 잔 쭈욱 들이켜라.

삼득이 새끼 심성이 좋아 천당 갔다고 생각허고.

잘 뒈졌지. 이제 머슴 신세는 면한 거시여.

망할 놈! 장가라도 가보고 뒈질 것이지.

벌 꺽

벌 꺽

지이미~ 우라지게 덥네.

강토! 우리랑 같이 도망가자!

우리라니?
니허고 나허고?

갑녀허고.

미친 새끼!
들키믄
뼈다귀도 못 추려!

평생 이렇게
새경* 한 푼 못 받고,
짐승처럼 일만 헐 순 없어.

니 부모님이 마님께
진 빚이 있다며?

머슴살이 평생 해도 못 갚아.

＊새경: 머슴이 주인에게서 한 해 동안 일한 대가로 받는 돈이나 물건

갑녀가 먼저
도망치자고 그랬냐?

울 아부지가
갑녀를
조심하랬단 말이여.
갑녀 엄만…

미친년이라고?

그… 그래.
모… 몹쓸 피가
흐른다고….

상관없당께.
난 떠나야 된단 말이여.
나 아들, 나 손자라도
머슴살이 면케
해줄라믄….

떠나봐야
또 어디 가서
머슴살이밖에 더 해!

잘 있어라 잉.
니는 머슴이 아닝께
나 심정 잘 몰라.

다음 날,
녀석은
치도곤*을 맞았다.
피로 살과 무명옷이
엉겨 붙을 정도였다.

*치도곤(治盜棍): 조선 시대에 죄인의 볼기를 치는 데 쓰던 곤장 중 하나

녀석은
마님의 문갑을 뒤져
돈을 훔쳐
달아났던 것이고,
역전에서
일본인 순사에게
붙들려
되돌아왔던
것이다.

그런데 웬일인지
주모자인 갑녀에겐
아무런 벌도
내려지지 않았다.

병신 같은 삼득이와
등신 같은 나는
그 일을 놓고
'이상하다 이상하다'
그러기만 했었다.

그 이유를 알았어.

뭘?

반년 전의 일 말이여.
갑녀허고 나허고
도망치다 잡혔을 때…

가… 갑녀는 마님허고….

어느 날, 나는
웃마을로 심부름을
가게 됐는디
잊어삐링 것이 있어서
가다가 되돌아와야 했어.

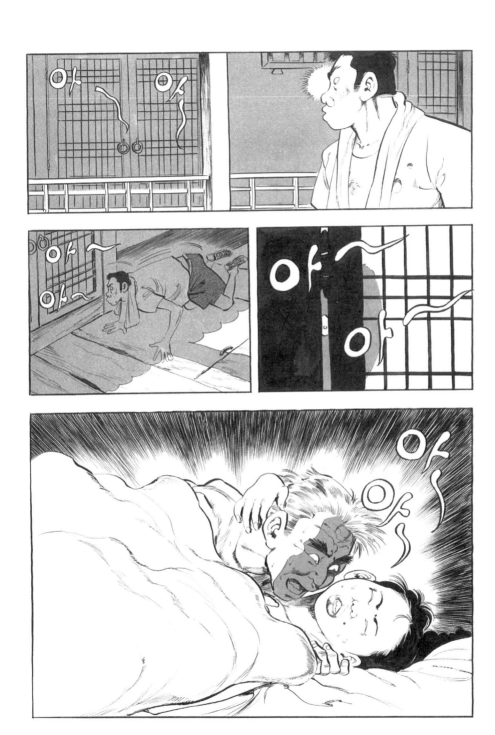

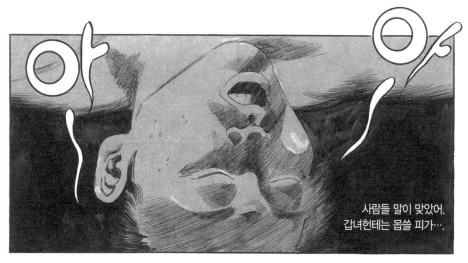

사람들 말이 맞았어.
갑녀헌테는 몹쓸 피가….

그… 그거시
정말이여?

첨엔 나도
믿지 못했어.
지체 높은
어르신네가
상것하고
그럴 줄은….

그런디 한 번만 본 게 아니여.
그 후로도….

그거시
언제
일인디?

벌써 몇 달
됐어.

왜 인자
말허냐?

네미럴! 그냥 이대로 콱
뒈져뿌렀으면 좋겠네잉.

억울허게 맞았다고 해서
그러는 게 아녀!
이렇게 살면
뭘 허란 말이여!

짐승 같은 놈!

그러고 나서 날 보고 갑녀와
혼인하라는 거여!

부르셨당가요, 마님?

게 좀 앉어.

지난번 일로 니가 나헌테
앙심을 품고 있다는디
그거시 사실이냐?

아… 앙심이라뇨?
소인이 뒈질 죄를
지었습지요.

으흠, 흠.

살랑
살랑

나가 깊이 생각해봤다.
갑녀허고 니가 서로
마음이 있는 듯싶으니
혼인을 시켜주겄어.

소··· 소인은 아직···.

멍청

장개 생각이 없다고?
그런 놈이 도둑질까지 해가며
멀쩡한 가시내 꼬셔갖고
도망갈라고 했단 말이냐!
세상에 이런
발칙한 놈 봤나!

혹시 갑녀가 애라도 배지 않을까 하는,
또는 동네에 소문이 나지 않을까
걱정이 됐겠지. 그러기 전에
갑녀를 나헌테 떠맡겨버릴라는
생각이 든 것이것지.

그런디 나가 거역허리라고는
상상도 못 했겠지….

팡
팡
팡

그 후로도 계속 날 구슬렀는디
난 거절했당께.

그 짐승 같은
어른께선
속으로 몹시
화가 났던 거여.
무언가 꼬투리를 잡아
나를 혼내주고도
싶었겠지 잉.

아마, 그래서 날 이렇게 두드려 팬 걸 거여,
작은아씨를 희롱했다고 뒤집어 씌워서….

정말이지 난
뒈지고 싶을 뿐이여.
억울해서가 아니여.

사실 난 갑녀를 하늘이 점지해준
여자라고 믿었단 말이여.
근디… 근디….

내 이야그 아무에게도 허지 말어잉~
글고 큰아씨헌테만 말씀드려줘.
나 삼득이는 나쁜 놈이 아니었다는 걸….

마님께서 쌀을 한 가마나 보내왔지 뭐요.

뭐여?

강토를 보내라는 분부셨어요.

그… 그럼 나가 삼득이 대신 머슴으로….

꼭 머슴이라고 생각헐 필요가 어딨어?

앞으로 일하는 걸 보시고 새경도 남보다 후허게 주시겠다고 하셨당구만.

그래, 인자 우리 집도 형편이 좀 필 모양이구나. 왜놈들 물러갔으니 쌀 뺏길 걱정 없고.

나 일손이 좀 바빠지겠지만 니가 바깥에서 한몫 해 오믄 밥 굶을 걱정은 없을 거다.

허… 허지만 나는….

걱정 말어. 마님께서 평소에
널 잘 봐두셨던 모양잉께.
아무렴 애비 에미 없는 삼득이
대허듯 대허시겠냐?

왠지 눈앞이 아득해지면서
늘 보던 마을 풍경이 생소하게만 보였다.

삼득이 얼굴이 눈앞에 어른거렸다.

그날 황혼은 유난히 붉게 보였다.

아무 생각 없이 그림을 그렸다.
소학교를 졸업한 뒤
처음으로 그려보는
그림이었다.

어디 갔다 인자 오냐?

사, 삼득이 무덤에요.

니 내일부터는 마님 댁 일만 해야 헌다!

알았어라우!

다음 날은 꼭두새벽부터 눈이 떠졌다.

탁 탁 탁탁   탁 탁

무슨 이유일까? 그림을 그리다보니 용기가 솟았다.

송구스럽습니다만, 제… 제가 요새 몸이 아퍼서….

78

제 대신 강석이를
써주십시오.
이제 열여섯이지만
어른 못지않게
심이 장사입니다요.

고얀 녀석!

사내새끼가
볼따구 몇 대
맞았다고
목을 매달아?

물러가.
피양 감사도
본인이 싫다믄 헐 수 없는
노릇잉께….

죄송헙니다요.

싫다고 했어? 내가 일부러 부탁을 드렸는데….

삼득이가 큰아씨께 전해달랬어요. 지는 잘못헌 게 암것도 없다고….

꾸벅

강토!

우리 집에서
일허게
됐다믄서?

나는 얼굴이
괜히 붉어졌다.
왠지 모욕을
받은 듯한
기분이었다.

내 살갗 위로
벌레가 스물스물
기어가는 듯한
느낌이었다.

삼득이가 죽어서
안됐어.
니하고 젤 친했었지.

나 눈에 흙이 들어가도
넘 집 머슴살이 안 헐 거여!

성, 저 쌀 왜
도로 갖고 가?

저거시 없어도
안 굶어 죽어.

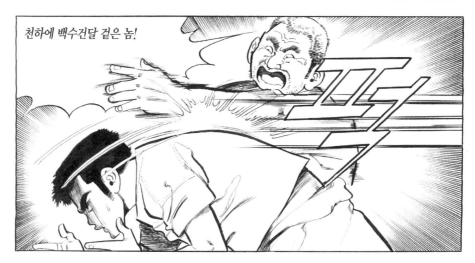

천하에 백수건달 겉은 놈!

식구들에겐 너무 미안한 일이었다.
결코 일하기 싫어서 그런 게
아니었는데….

그 대신 평소보다
열 갑절 이상
부지런히 일을 했다.

그리고 틈만 나면
그곳으로 달려갔다.

이유도 없이 즐거웠다.

삼득이도 잊을 수 있었고,
갑녀와 마님의 일도 잊을 수 있었다.
가련한 일본 소녀 야스코의 모습만 더욱더
안쓰러운 기억 속에 생생히 되살아났다.

이강토 씨!

생각해보니
강토 씨가 옳았어요.

싫은 걸 분명히 싫다고
말한 것은 자유를 지향하는
인간의 당당한 표현이었어요.
강토 씨 의견도 묻지 않고
아버지께 부탁을 드린 것은
내 잘못이었고요.

어머!

그동안 계속
그림을
그렸어요?

아, 아니.

이 그림을 보니까 문득
옛날 생각이 나네요.

우리 숙제
바꿔서 허까?

어찌케?

나가 니 국어 숙제 허고
니가 그림 숙제 허고.

내일 곶감 두 개
갖다주께.

참말?

그 그림이 몇 달 동안이나
복도 벽에 붙어 있었지요.

그러나 며칠 못 가
나의 비밀은 탄로 나고 말았다.

시상에!

이놈이 맨날 어디가서
뭣을 허나 했드만…
미친놈 똥 닦을 짓거리를
허고 있어!

이것 땀새
저절로 굴러떨어진 호박을
차부렀다. 이 말이여?!

사람이 지 분수를 알고 살아야지.
내후년이믄 장개가야 헐 놈이
이런 돼먹지 못헌 숭내만 내서
뭘 허자는 거시냐!

삼득이 심정을 알 것 같았다.
동기도 다르고 이유도 다르지만

어디론가 멀리
달아나고 싶었다.
야스코가 있는
곳으로….

여기서 뭐 해?

쉬잇! 나 갑녀여.

나한테 뭐
화난 거 있냐?

그런 거 없어.

그럼 왜 그냐?
시방이라도 맘 고쳐묵고
마님 댁으로 와 일해.

갑녀!

니… 니는
삼득이에게
시집갈 생각이었냐?

호호호~ 별걸 다 묻네.
아무케도 나도 시집갈
나이가 지났긴 허지만
삼득인 별로….

어맛!

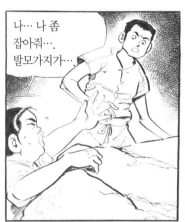

나… 나 좀
잡아줘….
발모가지가….

강토, 고집부리지 말고
나 말대로 해.
나가 잘 보살펴줄께잉.

병 신!

그렇게
뻐겨봤자
머슴과
다를 게
뭐 있냐.

니가
큰아씨 넘보고
있다는 거
다 안당께.

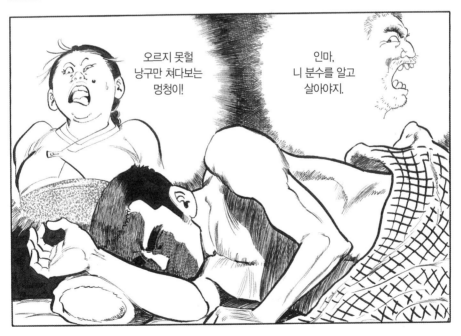

오르지 못헐
낭구만 쳐다보는
멍청이!

인마,
니 분수를 알고
살아야지.

이거 강토에게
전해주세요.

아니, 이… 이건?

일어났구나.

큰아씨께서 이걸 사 오셨다.

읍내엔 그것밖에 없더구나.
서울에 가면 좋은 화구들이
많은데….

열심히 그려. 그만한 재질을 타고
났다는 거 큰 복이 아니고 무엇이겠어.

안녕히 계셔요.

잠깐!

탁 탁 탁

삼득이가
전해달랬어.
지는 아무 잘못
없다고….

됐어, 드디어 내게
반말을 했어.

걱정 마, 나도 삼득이가
나쁘다고는 생각지 않아.

네가 우리 아버지를 잘 이해해줘.
워낙 완고하신 분이라….

잘 있어, 다음에 볼 땐
나 대학생이 되어 있을 거야.

저놈 확 변해뿌렀어.
마을에서도
갑작스럽게
부지런해졌다고
소문이
자자허다고.

걱정이랑께.

그거시 다 그림 그리는 시간
낼라고 하는 짓이니….

아부지 나 눈깔사탕
사왔어?

옜다.

자, 니 물감
다 떨어졌지?

그림 잘 그링께
사주는 것이 아니여.
일 잘항께 사주는 것이지.

새애끼, 여전하당께.
자—

니 덕분에
목숨을 건졌지.
인자 나타나
미안허다 잉.

이거시 뭐시냐?

새애끼, 이런 솜씨를 숨기고 있었네!
당장 학교에 가서 그림 선상 해도 되겠다야!

근디 누굴 그린 거여?
어서 많이 본 쌍판인디….

아아~ 맞다! 누군지 알겠다!

인마, 양반집 규수를 넘보믄 어찌케 되는지 아냐?!

그건 그렇고…
니 나허고 서울
같이 안 갈래?

난 조수가
필요허그덩.

뭐… 뭘 허시는디요?

뭘 허긴… 큰일 허지.

가자! 이런 촌구석에
틀어박혀 있으믄
큰 인물이 못돼.

뻑 뻑

아부지가 그러시는디
송충이는 솔이파리를
묵고 살아야 헌다고
하셨어요.

인마, 송충이가 솔이파리를 묵는 건 나비가 되어 훨훨 날아댕기기 위해서여.

그림을 그려도 서울서 그려야제.

....

지금 이 나라가 어찌케 돌아가는지 아냐? 엊그저께 이승만이 귀국했어.

종로 장안 삘딩에는 폴씨께* '조선공산당 경성지구 위원회'라는 간판이 붙었다. 무슨 뜻인지나 아냐? 허긴 니 같은 놈허고 이야그해 봐야 소귀에 경 읽기지!

곧 잇대서 김구 선생의 임시정부가 귀환헐 전망이고.

* 폴씨께: '벌써'의 전라도 사투리

100

언니가 부쳐온 거여.
안에 편지도 있어.

고맙습니다요,
작은아씨!

어머? 그림
잘 그린다드만
헛소문이 아니었네.

근디, 쬐끔 안 닮았다.
우리 언니 얼굴은
더 똥그런디….

하여간 안 보고도
이만큼 그렸다니….

왜들 자꾸
다른 소리들을 할까?
나는 야스코를
그리려고 그런 건데….

- 친애하는 고향의 벗에게 -
지난번에 보내주신 강태씨의
그림은 매우 훌륭했어요.
제가 잘 아는 화가 선생님께서도
하루 하루가 다르다고 진심으로
칭찬해 주셨어요‥‥‥‥
‥‥‥‥‥‥‥‥‥‥‥‥

상경 할수 있는 형편만
된다면 강태씨를 조수겸
제자로 받아 주시겠다고 까지
하셨답니다.

아버지의 허락을 받아내는 데만
꼬박 석 달이 걸렸다.

그것도 마님의 덕(?)이었다.
삼득이를 죽음으로까지
몰고 갔던 그 일이
나의 계획에 더없이
큰 몫을 하였다.

나 또한 삼득이처럼
보아서는 안 될 장면을
보았던 것이다.

이… 이놈 왜 거기서 있느냐!

지… 집에… 숫돌이 깨져서… 숫돌 좀 빌릴라고….

사내는 입이 무거워야 성공을 허느니라.
니가 입만 다물어주믄 나가 이 서방을 설득해서
상경헐 수 있도록 힘써주께.
여비는 물론 서너 달치 생활비도 대주고…
니 동생 강석이를 우리 집에서 일허도록 해주겄다.
어른 품삯을 쳐주는 건 두말헐 것도 없고….

아이구~ 이놈아, 가서 일이 쬐끔이라도 안될 성 싶으믄 후딱 돌아오니라 잉.

염려 놓셔요, 어무니.

미안허다, 강석아.

성 몫은 나가 헐 수 있어. 부디 성공해서 돌아와 잉.

큰성, 돈 많이 벌어 올 거지?

그래, 그래, 니도 올부터는 학교에 가지. 공부 잘해야 된다 잉.

인석아, 기차 뜬다.

해방으로 인해
그나마 그때까지 유지해오던
일제의 생필품 공급 체제가 무너지고
극도의 인플레이션이 시작되던
어려운 시절,
나는 그렇게 고향을 떠났다.

인사드려요. 이분이 바로 한윤섭 화백님.

구벅

어서 가세.

후후, 원래 저렇게 말씀이 없으셔요.

꽤 넓은 집이었는데 식구라곤
한 화백과 그의 사촌 동생이라는 청년,
그렇게 둘뿐이었다.

제가 허겠습니다.
나으리.

씨익

혜린 씨가 그렇게 부르라고
하던가요?

선배라고
부르면 되겠지.
내 나이가
두세 살 많은 것
같으니까 말이오.
옛날 봉건주의
시대 때 말을 쓸
필요가 뭐 있겠소?

일하는 아이를 하나
두려고 했는데
계집애로 말이오.
혜린 씨가 워낙 고집하는
바람에 형씨를 모시게
되었지 뭐요.

사내가 할 일은
못 되지만
사정이 이러니 어쩌겠소.
우리 같이
고생 좀 합시다.

내가 할 일은 집 안 청소, 빨래 그리고 식사 준비 등,
여자가 해야 할 일을 한다는 것이 좀 쑥스러웠지만
농사일에 비하자면 일 같지도 않은 일이었다.

그리고 나머지 시간엔
그림을 그리면 되었다.

도무지 말이 없는 분이었다.
마흔셋의 독신자.

하나의 선을 긋는다는 것은
하나의 혁명과도
같은 일일세.

화가가 자신 앞에 화폭을 세워놓는다는 것은
일단 눈앞의 세계를 지워버린다는 것과 같아.
그러고 나서 그 화폭에 대상을 옮긴다는 것은
새로운 세계를 창조하는 것.
즉 혁명과도 같은 걸세.

그를 만난 지 한 달 만에
나로서는 처음 듣는 가르침이었고
무슨 뜻인지는 잘 알 수 없었지만,
대단히 감명 깊은 말이었다.

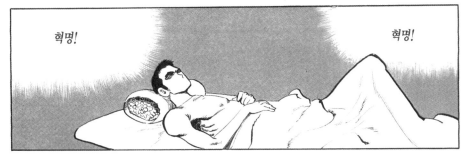

혁명!

혁명!

김혜린은 심심찮게
드나들었다.

아씨, 오셨는 게라우?

또!

혜, 혜린 씨.

호호, 어때요?
지낼 만하죠?

저어… 혁명이 뭐랑가요?

새롭게 하는 거.

뭐를요?

뭐든지….

?

이를 테면 '강토 씨가 시골에서 농사를 짓다가 커다란 포부를 품고 서울로 올라왔다. 그리하여 그림을 그리기 시작했고, 새 세계에 눈을 떴다'. 그건 곧 강토 씨 자신에게 하나의 혁명이라고 할 수 있겠죠.

그리고 좀 더 넓은 의미에서 생각하면 국가적인 혁명, 세계적인 혁명, 종교적인 혁명 등등이 있겠죠.

알똥말똥 하구먼요.

독서를 열심히 해요.
한동수 선배님은
책이 많으니까.

무슨 책을 보고 싶나?

아무거나 볼 만한 걸로
빌려주세요.

이건 어때?

그… 글씨요.

한마디로
부끄럽고 창피했다.
그리고 부러웠다.

나는 《부활》, 《전쟁과 평화》,
《몬테크리스토 백작》,
《레미제라블》, 《춘희》,
《죄와 벌》 등 소설책부터
닥치는 대로 읽기 시작했다.

김혜린은 때때로
한 선배의 방으로 들어가
오랜 시간을 보내고는 했다.

때로는 여러 명의 학생이
모일 때도 있었다.

강토, 가서 막걸리
한 말만 받아다줘.

출렁
출렁

강토 씨도 같이 어울려요.
모두 다 같은 젊은이들
아니어요.

저, 저는….

116

뭐 어때요? 이런 기회에
토론도 하고 견문도 넓히면
좋잖아요.

아니구마니라우. 전 아직….
시키실 일 있으면
또 부르시요 잉.

어울리고 싶었다. 그러나
그들은 나와 다른 옷을 입었고
내가 알아들을 수 없는
얘기들만 했다.

실례 좀 합시다.

르르륵

미친 자식들!
애국자 아닌 놈
어디 서러워서 살겠나!

이봐, 동무!

나 취했어. 이 방에서 좀
자고 가도 되겠나?

예. 드… 들어
오시게라우.

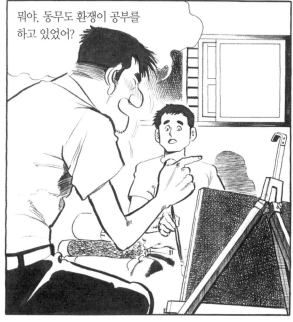

뭐야. 동무도 환쟁이 공부를
하고 있었어?

쯧쯧, 원숭이 흉내를
내고 있군.

살아 있는 그림을 그려야지.
돌처럼 딱딱한 시체를 그리면 뭘 해?

사… 살아
있는
그림이라니요?

드르렁~ 드르렁~

며칠 후, 나는 어렵게 용기를 내었다.

저… 이런 부탁을 드려도 괜찮을지 모르겠네요.
어려운 부탁인디….

뭐가 그리
어려운데요?

이… 인물화를 그려보고 싶어서 그런디요.
이번엔 시… 실물을….

모델 말이군요.
기꺼이 응해드리죠.
너무 많은 시간을
빼앗지만 않는다면.

삭
삭 삭

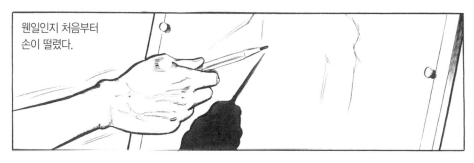

웬일인지 처음부터
손이 떨렸다.

오랫동안 먼발치에서밖에
쳐다볼 수 없었던 여인.
가까이 섰을 때도
어려워서 제대로
쳐다볼 수 없었던 여인.

그 여인의 얼굴을
이제는 마음 놓고
쳐다보며
음미할 수 있다.

나는 선 하나하나를 그을 때마다
새삼 그녀의 아름다움에
흠칫흠칫 놀라야만 했다.
이것이 바로 혁명이라는 걸까?

이 방에 계셨군요.

잠깐만 기다려주시겠어요?
하루에 삼십 분씩
약속을 했거든요.

나 지금 인민당
사무실에 들렀다
오는 길입니다.

어마!

강토 씨 미안. 이만하고
내일 또 하죠.

이것이 혁명이라는 걸까?
지금 내가 그리고 있는 그녀는
여지껏 내가 보아왔던 그녀가 아니다.

뭔가 가슴속에 불덩어리 같은 것이
꿈틀거리는 것만 같아
마치 그녀의 발가벗은 몸을 그리는 듯한
느낌이다.

잘 돼가나?

고맙구마이라.
오늘은 이만허지요.

그럴까요?

혜린 씨, 전 오늘부로 인민당에 가입했습니다.

어머, 정말예요?

더 이상 망설일 필요가 없었어요. 이젠 배운 걸 실천에 옮길 때가 됐으니까요!

잘하셨어요. 저도 곧 가입하는 게 좋겠지요?

물론 혜린 씨뿐만 아니라 우리 동지들 모두 다!

정말 용감한 일을 하셨어요. 평소부터 그렇게 믿어왔지만…

하하하~ 당연한 일을 한 것 가지고….

그녀는 언제나 나를 인격적으로 대해줬다.

그러나 그렇다고 해서 내 입장과 신분이
달라지는 것은 아니다.
처음부터, 태어날 때부터
우린 서로 다른 사람들인 것이다.

그림을 그린다는 것이
이렇게 괴로울 수도 있다는 걸 처음 알았다.

그만허까요?

어머, 벌써요?

뭐 잘못된
일이라도?

한 가지 묻고
싶은 거시 있는디요.

혜린 씨가 늘 말씀 안 했소?
인간은 누구나
평등한 것이라고요.

그 평등이란 말의 뜻은
나 겉은 사람허고
혜린 씨 겉은 사람이
결혼헐 수도
있다는 뜻인가요?

무… 물론예요.
서로 사랑만
한다면….

전 강토 씨의 인간 됨됨이를 좋아해요.
그리고 그 재능도 소중하게 생각하고요.
허지만 제 호의를 엉뚱하게
받아들이지는 말아주세요.
동지애와 우정, 학우애와 사랑,
그것들은 각각
다른 것이니까요.

강토 씨 혹시?

그래, 너희들은 역시 말로만
평등을 외치고 있는 거야.

어머, 왜 이러세요?

혜린 씨,
우린 장래를
약속한 사이 아니오!

싫어요.
아, 아직은….

실망이군. 난 혜린 씨를 가장 진보적인 여성으로서 존경하고 사랑해왔는데….

나를 못 믿겠다는 건가?

그런 게 아니에요, 절대로….

옆방에 강토 씨가 있잖아요.

단순히 그 이유 때문이란 말야?

털
썩

강토야.

예, 선배님.

시골에서 쌀을
부쳤다는데,
좀 찾아다줘야겠다.
서울역 수하물
찾는 데 알지?

예, 당겨오겠습니다.

퍼뜩 이상한 느낌이 들었다.

이렇게 일찍
찾아오는 일은
없었는데
더욱이
선생님도
안 계신 날….

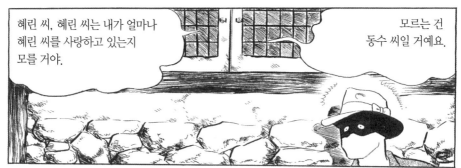

혜린 씨, 혜린 씨는 내가 얼마나
혜린 씨를 사랑하고 있는지
모를 거야.

모르는 건
동수 씨일 거예요.

하늘이 보이지 않았다.
지축이 무너져 내리고,
나의 몸은 어디론가
한없이 추락하고 있었다.

팔은 팔대로, 다리는 다리대로,
남의 것인 양 제멋대로 흐느적거렸다.
천사도 그 짓을 한다.
나의 천사가
지금….

이봐요, 학생.

그래갖고
걸을 수 있겠는가?

쯧쯧, 한 달포가량
굶은 게로군.

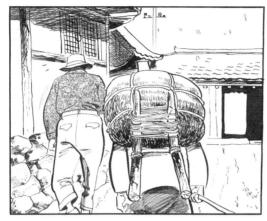

저 집이어라우.

?

이거시 누구여?!
강토 아니다냐!

새끼, 왜 그러고 서 있냐?
질도 잊어뿔고, 짝도
잊어뿐 황새거치….

음마? 이 새끼 봐.
니 양잿물 묵었냐?

야, 인마!

철 썩

철 썩

뚜, 뚝배 성!

얼래?

미… 미안허요.
나도 모르게 여기까지….

대포나 한잔
사주시오.

아따, 이놈 드디어 어른 됐네 잉.
술도 마실 줄 알고…,
일단 들어오드라고!

나가 오늘은
시상에서 최고로
근사헌 디로 모셔뿔게.

자 이것을 입어.
맞을지 모르겄다만….

어머나~
장 선생님 아니세요!

明日館

그러고 말고요.
분부대로 모시겠습니다.

인사
올리겠습니다.
백월이라
하옵니다.

야, 야스코!

후다닥

아따. 모르는 사이도 아닌디
도망칠 건 뭐여!

결례를 용서하십시오.
어찌 된 영문인지 제가
가서 알아보겠습니다.

자자~ 인자 눈깔 좀
작게 뜨거라!
포수가 토깽이인지 알고
잡아가뿔겄다!

나도 첨엔 니맹크로 놀랬었어!
시상 참 요지경 속이라
허지만….

잔이나 받아라.
나가 먼처 한 잔 따르께.

난 어찌 니만 보믄
어릴 적 죽은 동생 생각이 난다,
이 말이여.

콸콸콸…

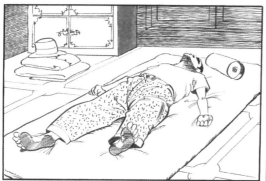

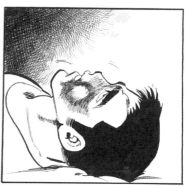

무, 물….

ㄷㄹㄹㄹ

물 여기 있습니다.

야, 야스코!

술고래가 따로 없네잉.
씨원씨원해서 좋다.

물 안 드십니까?

이렇게 만나고 봉께
참말로 안됐긴 안됐드라.
나로 말허믄 건달허고도
상건달이지만 그래도 쬐끔은
의리와 인정이 남아 있는 놈
아니냐?

나가 당장 정실로는 못 앉혀도
결혼하고 난 뒤 작은 각시로
앉혀준다 했더니, 아 글쎄, 나를
개 보듯 허지 뭐여. 나가 개
같은 짓거리를 허긴 했지만 서두.

야스코 불러와!

후딱 불러오지 못허겠냐!

야장창!

야스코.
첨 볼 때부터
난 니를 사모했었다!

근디, 이 더러븐 새끼가.

어라?
어라?

뚝배. 니는 나쁜 놈이여!
일본 놈 앞잽이에 백수건달!

짜슥. 술버릇 하나
근사허구먼.

저 친구 잘 모시랑께.
질바닥에 내 띵기지 말고,
술이 깨믄 다시 찾아오라 그러고 잉!

이 나쁜 놈!
어딜 가, 어딜!

어서 물 드십시오, 자.

너무 놀랬고 제 정신이 아니었구마이라.

근디, 어째 안직 조선에….

면목 없그므니라우. 어저께 밤…

야스코, 내려서 간단히 요기라도 하고 오자.
한 시간가량이나 연발할 모양이다.

전 생각 없어요.

나 역시 마찬가지다.

바람이나 좀 쏘일까?
가슴이 메슥메슥해.

저, 저놈이다! 일본 놈!

네놈들이 내 아들을
셋이나 끌어가서
죽였지!

천벌을 받을 놈들!
네놈들을 몸 성히
살려 보낼 줄
알았더냐!

야, 이 짐승 같은 놈들아!
어서 썩 나오지 못해!

모두 다 죽일 거야!
내가 당한 걸 서른여섯 배로
갚아주고 말 거야!

어떻게 돌아가야 할지
알 수가 없었습니다.

조국에 가도
반겨줄 식구 하나
없고….

서울역 대합실에서
거지처럼
한 달을 보냈습니다.

그러다 우연히
은심이 언니를
만나게 되었습니다.

야스코, 나가 만약에…

만약에 내가 다시
찾아와도 되겠소?
이곳으로….

찾아오지 마십시오.

선생님께선 저를 위해 나섰다가 봉변을 당하셨습니다.

그리고 제게 웃저고리를 입혀주셨지요.

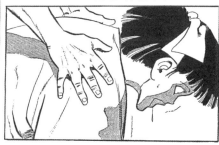

그 고마움만 영원히 간직하겠습니다.
야스코는 이제 죽고 없습니다.
그리고 백월이는 선생님께서 상대하실
그런 여자가 아닙니다.

강토!

어떻게 된 거야!

털 썩

또 병이 났다.
뚝배와 야스코와
그 일이 벌어졌던 그때처럼….

서울엔 언제 왔냐?

열 달 전에.

그동안 뭘 했냐?
기림 기렸냐?

혁명!

꿀꺽
꿀꺽

이 자식 보랑께!
니 그러믄 공산당이냐?

성은 아니오?

이런 시상 물정 모르는 놈.
그런 소리 함부로
허는 게 아니여.

그런 일은 신중을
기해야 되는 거여.
잘못허믄 신세
확 조저뿐당께.

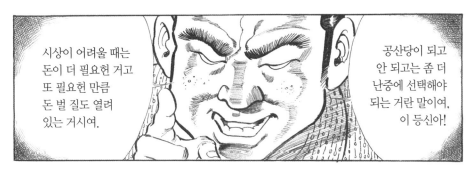

시상이 어려울 때는 돈이 더 필요헌 거고 또 필요헌 만큼 돈 벌 질도 열려 있는 거시여.

공산당이 되고 안 되고는 좀 더 난중에 선택해야 되는 거란 말이여, 이 등신아!

나 생각인디 말이여. 공산주의 골백번 해도 별 수 없을 거여. 가난헌 놈은 가난헌 놈. 그건 팔짜 아니여. 팔짜.

그래, 수천 년간 그러크롬 내려온 시상이 하루아침에 바뀔 것 겉냐?

우리 할아부지도 머슴이었고 증조할아부지도 머슴이었어.

벌떡

그래, 삼득이 네 말이 맞다.

지주는 지주
소작은 소작.

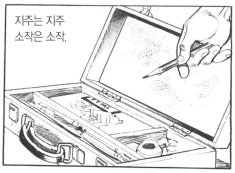

양반은 양반,
상놈은 상놈.

네 말이 맞기 때문에
우리는 혁명을 해야 된다,
이 말이다.

강토 씨.

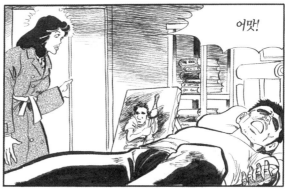

어맛!

선생님!
이 그림 좀 보아주세요!

대단한 발전이에요!
화가가 그리고자 한 주제가
너무나 선명하고 강렬해요!
그렇죠?!

으음….

동수 씨 제발,
제발, 이러지 말아요!

감정이 사랑의 전부는
아니잖아요!

전 좀 더 플라토닉한
사랑을 원해요,
이해 못하시겠어요?

인자 오시오?

두 시간씩이나 기다렸어라우.
긴허게 부탁헐 거시 있어서….

들어오십시오.

언제 봐도 나약하고
굴종적인 모습이다.
그 모습이 가련하고
아름답다.

왠지 그런 부탁을 한다는 게
잔인하고 부끄럽게 느껴지기도 했다.

저번에
말씀드렸는지
모르것는디요,
나는 요즘에
그림 공부를 허고
있구마이라.

전부 야스코 상 덕택이지요 잉.
나는 야스코 상이 띵기뿐 화구로
그림을 그리기 시작했응께요.

그때, 연못 가세서
그리신 그 풍경화,
나는 시방도
안 잊어뿔고
있응께요.

괴롭디 괴로운
기억을 또 떠올리게
맨들어서 미안헙니다만….

나는 이미 그때부터
야스코 상 모습을
꼭 한번 그려보고
싶었구마이라.

그다음 말을 잇기가 매우 어려웠다.
아무런 반응도 없이
앉아 있는 그녀의 모습이,
꼭 달맞이꽃 같다는 생각이 들었다.

해서 부탁드리는디…
모델도 그냥 모델이 아니라…
너무너무 송구스런
부탁인디요 잉.

일 분, 이 분, 삼 분…
시간은 느리게 흘렀고,
그녀는 말이
없었다.

방 안은 어두웠고
그 어둠의 일부를
그녀의 얼굴이 밝히고
있는 것 같았다.

역시 너무
애러분 부탁을
헌 것 겉구마 잉.
없든 일로
해주시오.

선생님….

이미 그보다 더 부끄러운 모습을 여러 번 보여드린 몸입니다. 선생님을 도울 수 있다면….

거북스러우면 그만두시오. 나는 그저….

아닙니다. 전 선생님의 모델이 되고 싶습니다.

다음 날부터 나는 야스코의 집으로 출퇴근을 하기 시작했다.

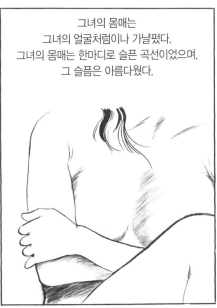

그녀의 몸매는
그녀의 얼굴처럼이나 가냘펐다.
그녀의 몸매는 한마디로 슬픈 곡선이었으며,
그 슬픔은 아름다웠다.

나는 그 슬픈 작업 속에서
예술가의 고통을 확인할 수 있었다.
대상의 고통은 즉,
나의 고통이었다.

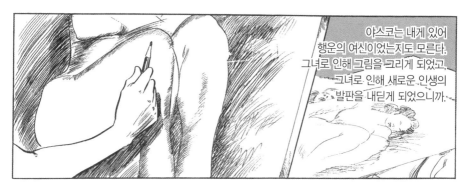

야스코는 내게 있어
행운의 여신이었는지도 모른다.
그녀로 인해 그림을 그리게 되었고,
그녀로 인해 새로운 인생의
발판을 내딛게 되었으니까.

혜린이 생각은 어때?
내 그림보다 낫지?

이제부터
제가 말하면
실례가 될 것
같아요.
전 전문가가
아니니까요.

강토도 서클에 끼워주는 게 어때?
화가가 한 명쯤 있는 것도
좋지 않아?

끼워주다니요?
가입해달라고 부탁을 드려도
시원치 않을 텐데요.

나… 나가 어찌케…

어서 오세요. 한 선생님의 권유로 강토 씨가
우리 서클의 일원으로 가입하게 되었어요.

형님.
그… 그게…

왜 놀라나?

그럼 신고식을 해야지. 오늘은 천상 네가
술을 사 와야겠구나. 강토가 오늘의 주인공이니까.

그래요, 동수 씨.

그 서클이란 것은
좌익계 대학생들로 구성된
작은 모임이었다.

거의 매일이다시피 모여 나라 안팎의 일과 사회주의 이론에 대한
토론을 벌였으나, 크게 이렇다 할 행동에는 나서지 않았다.

오늘은 기어코 결정을 봅시다.
이렇게 적은 사람들끼리도
의견 통일이 안돼서야
어떻게 조선인민공화국을
수립할 수 있겠습니까?

박헌영 선생께서 조선공산당,
신민당, 인민당을 통합하여
남조선노동당(남로당)을
조직하신 지 벌써 열흘이
넘었는데, 아직까지도 이렇게
우왕좌왕 탁상공론만 한데서야
누가 이 나라를
바로잡아
나아가겠습니까?

옳은 말씀이에요.
우리들의 남로당 가입은 표결로
정하는 게 어때요?

남로당은 안 돼.

김희중,
넌 왜 사사건건
안 된다는 거지?

남조선에 인민공화국을 수립하는 것은
바람직한 일이라고 치자.
하지만 박헌영의 발언을 분석하면
소련 편입을 희망하는 인상이 짙다.

생각해봐. 일본 놈들 물러간 지가 몇 년이나 됐어.
도대체 얼마나 더 짓밟혀야
정신을 차리겠다는 거야!

조용히들 해요. 성의껏 발언을 하는데 그렇게 무안을 주면 어떻게 해요.

'닭이 먼저냐 알이 먼저냐' 같은 토론이었다. 언제나 결론은 없었고 언제나 나는 무안을 당했다.

나는 열등의식을 가졌고 녀석들에 대한 복수심 비슷한 감정도 가졌다. 속으로 이를 갈며 책과 그림에 매달렸다.

인마, 혁명은 책 속에 있는 게 아니라 술 속에 있는 거야.

왠지 김희중 선배에게만큼은
거리감이 느껴지지 않았다.

너 열등의식 있다는 거
내가 잘 안다.

열등의식,
그거 나쁜 것만은 아냐.
거름과도 같은 것이라
고약한 냄새를 풍기지만
오히려 그것 때문에
크게 자랄 수도 있지.
비뚤어지지만 않는다면….

심려 마시오, 선배님.
나는 기필코 혁명의 대열에
앞장서는 사람이 돼뿔랑께.

병신 같은 소리 그만하고
술이나 마시고,
그림이나 그려.

강토 씬 우리들과
입장이 달라요.
외롭고 가난한 데다
우리들처럼
공부도 하지 못했어요.
편들어주는 것이
뭐가 나쁘죠?

나… 난 다만 그게 지나친 것
같아서 하는 말이야.

자꾸 그러시면
저 동수 씨에게 실망할
거예요.

강토, 너 김혜린을
어떻게 생각해?

어찌케 생각허다니요?

너를 좋아하는 것 같던데….

농허지 마시오 잉. 김혜린 씨는 대지주님 댁 큰아씨고, 나는 머슴보다 더 못한 존재구마이라.

얼씨구! 정말 혁명가 같은 소리 하고 있어.

인마, 지주가 별거야? 지주가 너처럼 그림을 잘 그리던? 아니면 나처럼 술을 잘 마시던? 네가 진짜 혁명을 하고 싶으면 먼저 김혜린을 유혹해봐. 너한텐 그게 바로 혁명야….

이제 끝났다.
남은 건 이별뿐이다.

너의 아름다움과도
너의 슬픔과도
이별이다.

다 되었습니까?

야스코 상, 참말로
고마웠구마이라.
덕택에 값진 갱험을
했고, 넘들헌테 인정도
받았응께요.

인자 다 끝났는디.
이 은혜 평생
잊지 못할 꺼요.

?

그동안 제 모습을
그리시면서
느끼신 게
없습니까?

무, 물론 많은 걸
느끼고
배웠습니다만….

화가로서 말고
남자로서….

그, 그래요.
저 같은 여잔 역시 그럴 자격도….

야스코 상!
그거시 아니라
나… 나는….

선생님!

그날도
야스코는 슬펐다.
나도 슬펐다.

달맞이꽃이 핀 밤
나는 둥근 달이 되어
개울 위로
둥실둥실 떠다녔다.

그날부터 김혜린에 대한
묘한 감정은
뒤로 물러나 앉았고,
야스코가 내 마음을
하나 가득 채웠다.

형님, 무슨 소식이라도,
있습니까?

뽀드득

뽀드득

왜 그러나?
무슨 편지야?

선생님,
저 고향에 쬐끔
댕기와야
쓰겠는디요.

꽈애애액

강도성 편지 받는 질로
후딱 내리와 집안에
그날의 날리 날리가 나서
전부 굴머 죽게 생겄당께

일 년 만에 보는 새끼
볼태기부터 쌔릴 수는 없고,
우선 야그부터 들어보끄나!

솔직허게 말씀드리라 잉.
서울 물 쬐끔 묵었다고
아부지 어무니
속일 생각
허지 말고….

뭐, 말씀을
허시는 건디요?

참말로 몰라서
묻는 거여?

서울에서 뭔 못된 짓거리를 허고
댕겼냐 이 말이다, 이놈아!

강석아, 뭔 일이
있었냐?

마님께서 우리 집이랑 논이랑
몽땅 비우고 이 마을을 뜨래.

그려, 우리 집에 와 갖고
지랄 지랄했당께.
그거시 다 큰성 땜세 그래.
큰성이 나쁜 짓거리 했응께.

그럴 리가 없구마이라.
나 나가서 뭣 땜새 그러는지 알아보고 오께요.

마라 마.
니 가믄 맞아 디질 거시다.

어무니!
나는 잘못헌 일 한 개도 없는디요!

영감! 보고만 있을 꺼요?

가보아.
사내 자슥이 맞아 디질 짓거리를 했으믄
맞아 디져야지.

*애가심: 몹시 걱정을 끼치는 사람

마… 마님,
나… 나는 디져도
그런 일 없었어라우!

불쏘시게 안 땐 굴뚝에
연기 난다드냐!
없는 일이 어찌케
나 귀꺼정 들려!
이놈아, 구신은 속여도
나는 못 속인당께!

아가리가 썩어 문드러질 놈!
글고 뭣이 어째?!
지주들 논도 빼사뿔고,
돈도 빼사뿔어서 소작들헌테
골고루 주겄다고!

이 배락을 맞을 놈!
나가 니헌테
섭섭허게 해준 거시
뭣이 하나 있다고
나를 잡아묵을라고
그냐!

186

그놈의 자식, 꼬랑창*에다 갖다 내뿌러!

그놈의 식구들은 아직껏 안 떠났냐? 낼 아침거정 떠나뿌르라고 그래! 집구석에다 불을 확 싸질러뿔기 전에 말이여!

*꼬랑창: '시궁창'의 전라도 사투리

아이고~ 이 멍청한 새끼야! 그렇게 맞고만 있으믄 어쩌냐? 도망쳐뿌려야지 잉!

자, 여그다가 쌍판대기 좀 씻거라.

뭣땀새 말렸다요. 가만히 내뿌러둘 것이지.

다 니를 위해서 그런 건 줄이나 알어.

188

심 없는 놈은
맞아서도
작살나지마는,
때려서도 작살나는
법이여. 그것을 참고
살아야지 잉.

맞아도
뭔 영문인지 알고 맞아야,
참든가 말든가 허지요.

그려, 니는 옛날부터
착허고 똑똑한 놈이었응께
그런 짓거리를 했을 리 없지.

아저씨도
나가 이렇코롬 된 이유,
모르요?

니가 모르는 걸
나는 어찌 알겄냐?

한 열흘쯤 됐을 거시다.
나가 서울서 온
편지 한 통을 받았는디,
그것을 보고 나서
그리 화가 나서
폴짝폴짝 뛰드라고….

편지라니?
누구헌테서
왔는디요?

아서라, 아서,
이 돌 무식쟁이 까막눈이
한문으로 쓴 걸
어찌케 알고
기억허겄냐?

푸 푸

나가 아는 한문이라고는
나 이름 석 자뿐인디….

으응… 그거시
그러고봉께

그 끝 자가 나하고 같은 수
짜였어.
빼어날 수 짜!

춋!

수 자믄….

어디 짐작 가는 사람이
있냐?

190

컥!

말해!
뭔 일로
그런 편지를
썼당가?

가, 강토. 왜 그래?

꾸
욱

마, 말할께!

나, 난… 네가 혜린 씨와
가까이 지내는 게 싫었어.

그래서
떼어놓으려고….

너무나 유치하고
기가 막혀 말이 나오지 않았다.
녀석이야말로 김혜린과 놀아나는 줄
알고 있었는데….

무슨 일이야!

강토… 내가 그런 짓 했다고 말하지 말아줘….
아, 아무에게도.

비열한 새끼, 그 개 겉은 소갈딱지로
대인민공화국을 수립헌다고?

강토!
제, 제발….

무슨 일이냐니까?

죄송허구마이라.

그동안
베풀어주신 은혜,
평생
잊지 않겠구마이라.

묘한 일이었다.
뚝배와 야스코
그 두 사람이 동시에
생각난다는 것은….

적어도 둘 중의 하나는
나를 받아줄 것이었다.

어머!

그게 뭐예요.
어딜 가는 거죠?

한 선상님한테 물어보시오.

왜 그래요?
무슨 일이 있었어요?
얼굴은 왜 잔뜩….

문득 그녀가 아직도 처녀라는 생각이 들었다.

아무 말도 하고 싶지 않았다.
그녀의 티 없이 맑은 얼굴이
왠지 야스코처럼 가련하게 보였다.

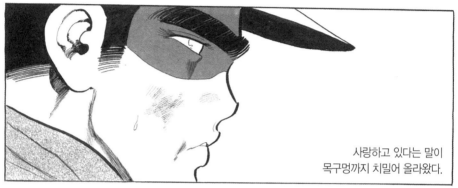

사랑하고 있다는 말이
목구멍까지 치밀어 올라왔다.

왜 그래요?
동수 씨하고
싸웠어요?

마님께 여쭤보시오.

뿌
뿌
뿌뿌

얼마 동안만
묵게 해주겠소?
일자리를 구헐 때꺼지만….

영원히 묵으셔도
좋아요.

'야스코'라고
부르시지만 않는다면.

야스다 야스코(安田寧子).
그녀는 자신의 과거와 함께 그 이름을 버리고 싶어 했다.
조선식 이름으로 '안영자(安寧子)'로 부를까 했더니 그것도 싫다고 해서,
결국 그녀의 새 이름은 '안영자(安英子)'로 정해졌다.

며칠 동안
신발이 닳도록
돌아다녔으나
마땅한 일자리가 없었다.

나라가 어지러우니
어디 일자리인들
있겠어요.

나라가 바로잡힐 때까지
집에서 그림이나
그리세요.

그녀는 내게 밀레와 모딜리아니에 대해서
이야기해주었다. 가난과 예술의
상관관계를 그녀는 나보다 더
잘 아는 듯싶었다.

그녀와 나는 정오가 넘어서야
나란히 잠자리에서 일어났고,
어수선한 시간을
하릴없이 흘려보냈다.

어두워질 무렵이면
그녀는 술과 웃음을 팔러 집을 나섰고,

그녀가 나가는 순간부터
나는 나의 텅 빈 화폭을 노려보기 시작했다.

사람이
지 새끼를
믿지 못하믄
사람이 아니여!

니가
결백허기만
허믄
걱정헐 거
한 개도 없어.

아무리 산 입구멍에
거미줄이야 치겄냐?
퍼뜩 올라가서
허든 일이나 허그라.

니 외삼촌께서
노는 땅이 있응께
와서 살라고 허드라.

땅뗑이라고는 숫제
자갈밭이지마는 워쩐다냐!
가서 그 땅뗑이라도
파 묵어야제.

짐승들은 속고 속이도,
땅허고 식물들은 속이지 않어.
뿌린 대로 거두는 볍잉께.

니는 니 헐 일이나
디지도록 해라.
묵을 거시 없으믄 땀이라도
받아 묵을 참으로.

논이야 자기 것 자기가
뺏어가겠다는디야
헐 말 없지마는
집구석은
왜 비운다요?
우리 집구석이
아니랑가요?

집구석 뜯어묵고는
못 살어.

니도 알다시피 그동안 우리는 남들처럼 제대로 소작료를 안 내고 살았다. 그렁께 넘들보다 쬐끔 여유가 있었지.

그러믄 인자 와서 지금꺼정 안 낸 소작료를 한꺼번에 몽창 물어달란 말인가요? 말도 안 되구만요! 그 대신 그 집일을 거들어준 거시 얼만디요?!

그려, 이자꺼정 쳐서 내노란 분부시다. 이깐 놈의 집구석 돈도 안 되는디, 정말 불이라도 확 싸질러뿌렀으믄 속이라도 편컷구먼.

그림도 잘 그려지지 않았다.

202

정말이지 뭔가 혁명이
일어나지 않고선 안 되었다.
이 더러운 세상을 깨끗하게 만들지
않고서 그림을 그린다는 것은
아무런 의미도 없는 일이었다.

우연히 거리에서 김희중 선배를 만났다.

인마, 말도 없이 사라지면
어떡해!
얼마나 찾았는지 알아!

탁

네게 보여줄 것이 있어.
우리 집으로 가자.

그가 보여준 것은
한 폭의 그림이었다.

한동안 정신이 멍했다.
망치로 머리를 얻어맞은 느낌이었다.

살바도르 달리.
내 생전 처음 들어보는 이름의 화가였다.
김희중 선배는 그림의 제목이
'스페인 내전의 전조'라고 귀띔해주었다.
그 그림을 필두로
전혀 상상할 수 없었던 무서운 충격들이
페이지를 한 장 한 장 넘길 때마다
나의 후두부를 강타하듯 엄습하여,
내 머릿속을 진공으로 만들어버렸다.
김 선배는 그 책을
미술 애호가인 외국인 선교사에게 얻었다고 했다.

▶ 달리, 살바도르 (1936) 〈삶은 콩으로 세운 부드러운 구조물,
  내전의 전조(Soft Construction with Boiled Beans, Premonition
  of Civil War)〉

자네 표정을 보니 우리 집까지 데리고 온 보람이 있는 것 같군. 그 책 가져가게.

차... 참말인가요, 선배님?!

그리고 뭔가 좀 깨달아 주었으면 고맙겠어.

뭣을요?

그거야 스스로 알아서 깨달아야지.

김 선배는 한번 입을 다물면 여간해선 다시 열지 않는 사람이었다. 그는 내게 그렇게 하나의 선물과 하나의 의문을 주었다.

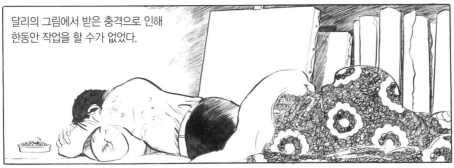

달리의 그림에서 받은 충격으로 인해
한동안 작업을 할 수가 없었다.

그 충격은
감동이었고…
그것은 곧
절망이었다.

다녀오겠습니다.
아랫목에
진지 묻어놓았으니,
굶지 말고 드세요.

야스코, 아니 영자는
착하고 어진 여자였다.
허구한 날 세수도 않고
나자빠져 있어도
싫은 표정 한 번 짓지 않고,
언제나 예의 바르고
헌신적으로 대해줬다.

나는 그녀를
사랑했고, 때문에
그녀의 모든 불행을
저주하고 증오했다.

그것은 곧 내 자신의 무기력에 대한
저주이기도 했으며,
이 걸레 같고 악마적인 현실에 대한
저주이기도 했다.

인간 자체,
살아 있어야 한다는 자체.

그리고 밥을
먹어야 한다는 자체가
굴욕적이고 견디기
힘들었다.

인간 기생충….

오만 가지 생각들…
그리고 결론은 하나,
절망을 극복할 수 있는 방법은
오직 그림을 그리는 일뿐이라는
것이었다.

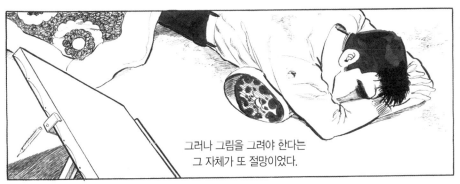

그러나 그림을 그려야 한다는
그 자체가 또 절망이었다.

그리고 밥을
먹어야 했다.
영자의 걱정을
덜어주기
위해서라도….

반찬은 쓰레기 같았고,
밥은 진흙 같았다.

오장육부가 때로는 끓고,
때로는 썩는 느낌이었다.

기분 전환을 위해서 다른 걸
해보시는 건 어떨까요?
판화라든가 파스텔화라든가….

문제는 정신적인 것이여.
정신적인 혁명이 되지 않응께
무슨 짓거리를 해도 소용없단 말이오.

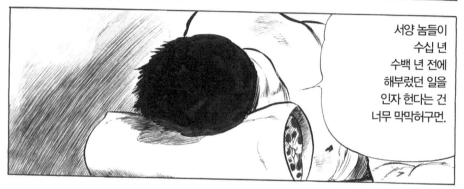

서양 놈들이
수십 년
수백 년 전에
해부렀던 일을
인자 헌다는 건
너무 막막허구먼.

서두르지 않고 차근차근 하시면
혁명이 될 겁니다.

혁명이 뭔지도
모름스롬
함부로
씨부렁거리지 마!

미안하다, 야스코.
하지만 당신은
나의 고통을
이해하지 못한다.

당신 말대로
차근차근히 해야만
이루어지는 것이라면
그것은 이미 혁명이 아니다.
혁명이란
보다 격렬한 급전환,
또는 급성장을 의미한다.

어쨌든 이대로 주저앉아서는 안 된다.
그것만은 명확한
사실이다.

나는 어떠한 난관을
무릅쓰고라도
혁명을 해야 한다.
나는 순간순간마다
내 정신을 점검해야 한다.

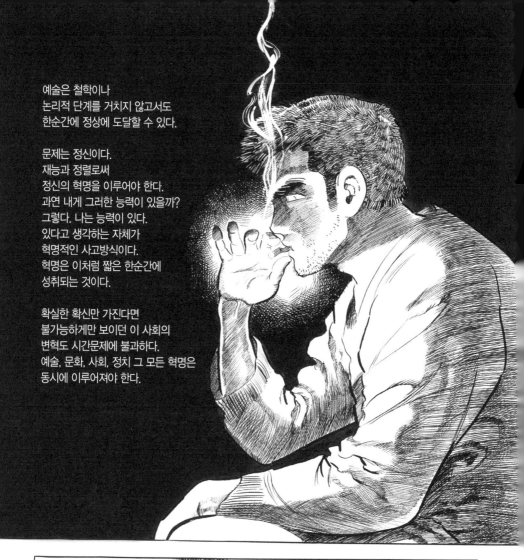

예술은 철학이나
논리적 단계를 거치지 않고서도
한순간에 정상에 도달할 수 있다.

문제는 정신이다.
재능과 정렬로써
정신의 혁명을 이루어야 한다.
과연 내게 그러한 능력이 있을까?
그렇다. 나는 능력이 있다.
있다고 생각하는 자체가
혁명적인 사고방식이다.
혁명은 이처럼 짧은 한순간에
성취되는 것이다.

확실한 확신만 가진다면
불가능하게만 보이던 이 사회의
변혁도 시간문제에 불과하다.
예술, 문화, 사회, 정치 그 모든 혁명은
동시에 이루어져야 한다.

아직 안 주무셔요?

그만 누우세요.
날이 다 밝겠습니다.

저, 혹시 작업에 방해가 안 된다면
초상화 한 폭 그릴 수 있겠습니까?

당신 초상화는
벌써 많이 그렸잖소.

…

그, 그게 아닙니다.
오늘 오신 손님 중에 초상화를
원하시는 분이 계셔서….

맘에 드는 것이
없는 모양이구먼.

손님한테 나 이약을 했단 말이오?

제가 한 게 아니라 은심이 언니가…

아무리 그래도 나는 나 맘에 없는 그림 안 그릴라요.

어서 주무세요. 제가 괜한 말을 했나 봅니다.

….

그 손님이란 사람 어쩌든가요? 그림 값은 많이 지불헐 것 겉은가요?

뿔떡

그냥 주무세요. 제 생각 역시 그리지 않는 게 좋을 듯합니다.

아니, 당신 말대로 기분 전환 삼아 허는 거이 좋겠소.

뜻밖에도 의뢰인은 검둥이였다.

하하… 스티브 씨께서 이 화백이 너무 어리다는 말씀이셨소. 먼저 그림을 볼 수 없느냐고 묻는데…

나는 야스코의 초상을 몇 점 보여주었다.

놀랍다고 하시는군.
고향에 있는 아내에게 보낼 거니까
잘 그려달라는 부탁이었소.

그리고 이건 내 의견인데 너무 검게
칠하지 않는 게 좋을 거요. 저 친군 자기
피부가 갈색인 줄 알고 있으니까.

'스티브'라는 이름의
흑인 소령은 날마다
해가 질 무렵에
찾아왔고

'손병수'라는 이름의 그 신분을 알 수 없는
젊은 신사도 가끔씩 같이 와서
작업 과정을 지켜보고는 했다.

초상화는 열 이틀 만에 완성되었다.

오우, 원더풀! 베리 베리 굿.

나는 생각했던 것
이상의 화료를
지불받았고 선물로
삐루* 한 박스를
더 받았다.

＊삐루: 맥주의 일본식 말

고맙구마잉.
전부 당신 덕택잉께…

무슨
말씀이십니까?

당신도 알 거요. 사실 묘사만으로는
나의 왕성한 혁명 의식과 창작열을
달랠 수 없다는 걸…

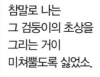

참말로 나는
그 검둥이의 초상을
그리는 거이
미쳐뿔도록 싫었소.

여러 번
붓을 뿐질러뿔러다가
어거지로 참았응께.

근디 묘허게
그 허기 싫은 작업을 허다 봉께
나 정신에 반동이 생기드랑께.

그날부터 나는 다시
나의 맹렬한 증오심을
화폭에 쏟아붓기 시작했다.

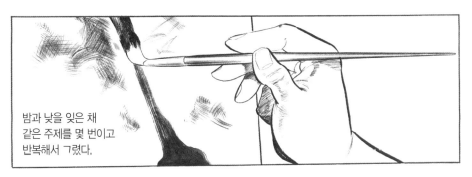

밤과 낮을 잊은 채
같은 주제를 몇 번이고
반복해서 그렸다.

그렇게
두 달쯤 지났을까…

탁 탁

탁 탁 탁
탁 탁

드르 컥

이 화백!
날 좀 숨겨
주시겠소?

드르
컥

뭐, 뭔 일로?

부탁이오.
잠깐이면 되오!

저 방으로!

고, 고맙소.

맘 놓시오.
딴 쪽으로 갔응께.

이 화백!
당신도 공산주의자였소?!
이 그림 제목이 뭡니까?

글씨요.
제목은 당에
짓지
않았습니다만….

아주 좋소!
이렇게 감동적인
그림은 처음이오.

우리 조선 화단에
이 화백 같은 분이 계신 줄은
정말 몰랐소! 그런데 왜 이런
투철한 의식과 고매한 솜씨를
갖고 이런 데서
썩고 계시오?

진작 알았으면
우리 동지들과
서로 알고 지낼 수도
있었을 텐데.

우리 동지들은
이미 한 달 전에
모두 월북을 했소.
나의 가족들도 모두.

사실 난
남로당의 간부로
활약하고 있소.
방금도
미 군정청의
앞잡이
놈들에게
쫓기고 있던
중이었소.

그… 그러믄 스티브 씨는?

핫핫핫~
그래서 오해를 하셨었군!

놈은 미 군정청에서
주요 업무를 맡아
보고 있소.
난 놈들의 기밀과
정보를 빼내기 위해
신분을 숨기고
놈과 가까이
지내왔었던 것이오.

이 화백에게
초상화를 그리게
한 것도 놈의
환심을 사기 위한
수작이었소.

공연히 이 화백만 괴롭힌 꼴이 된 건 아닌지
모르겠소. 노린내를 참아가며
그림 그린다는 것도
쉬운 일이 아니었을 텐데….

아닌 게 아니라
냄새가 고약허긴
고약헙디다.

하하하~ 나도 인민을
위한 일만 아니었다면
억만금을 준다 해도,
그런 냄새나는
놈들하고 어울리진
않았을 거요.

손병수, 그는 일본군에 의해 처형된
독립투사의 아들로 남달리 유식했으며,
투철한 민족의식을 갖고,
남다른 지식과 수완으로
전평(全評)*을 남로당의 전위대로 만드는 데
크게 관여했던 사람이었다.

*전평: 조선노동조합전국평의회

그날 우리는 밤새도록
이 나라의 앞날에 관해 얘기했고
그의 제의로 의형제를 맺기에까지 이르렀다.

이 화백 같은 아우를 얻게 되어
정말 마음 든든하오.
우리 같이 합심하여 대인민공화국 건
설에 앞장섭시다.

근디 성님. 전세는 폴씨께 기울어진 거 아니오? 미국 놈들은 남조선만의 단독 총선거를 실시헐 거라는 말이 나돌든디….

그래. 모든 일이 점점 구렁텅이로 빠져들어가는 느낌이야.

쭈우욱

아우님도 알다시피 놈들은 우리 전평의 합법성을 정식으로 부인한 이래로 우리 진영의 사회단체에 대해 극심한 탄압을 자행해왔어. 지금까지 검거된 사람만 해도 수백 수천 명이 넘지.

허지만 그렇다고 절망만 하고 앉아 있을 수 만은 없지 않겠나!

….

쉬잇!

오는 2월 7일,
우리 전평 산하의 모든 조직이
남은 조직력을 총발휘하여
유엔 한국위원단의 내한을
반대하는 대시위를 계획하고 있네.
전국에 걸쳐 데모, 파업,
동맹휴학 등등 대규모의
인민 봉기가 일어날 걸세.

동방, 종방, 대한방직,
용산공작, 조선피혁 등의
노조 간부들은 이미 만반의
준비를 갖추고 있네.
철도는 물론
출판 계통 노동자들도 대다수
합세할 걸세.

뿐만 아니라
전국의 모든 철도,
체신, 탄광의 노동자,
그리고 모든 농민까지
봉기하도록 해놓았네.

파업도 시위도 허천나게 했었지요 잉.
헌디 근다고 해서 미 군정이 물러나끼요?
또 어떤 희생자들만 몽창
맹글어내는 건 아니까요?

어쩌겠나, 되든 안 되든 밀어붙여봐야지.
이 세상의 혁명치고 어디
피와 땀으로 얼룩지지 않은 혁명이 있던가?

226

모든 일이 여의치 않으면
나도 곧 월북할
생각일세.
물론 자네도
같이 가겠지?

설마 허니 나 겉은 그림쟁이헌테
뭔 일이 있겄습니까?

모르는 소리.
상태가 아주 심상치 않아.

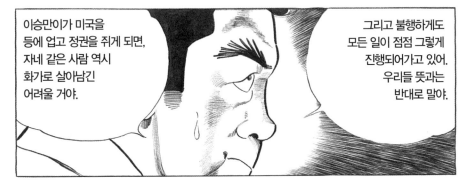

이승만이가 미국을
등에 업고 정권을 쥐게 되면,
자네 같은 사람 역시
화가로 살아남긴
어려울 거야.

그리고 불행하게도
모든 일이 점점 그렇게
진행되어가고 있어.
우리들 뜻과는
반대로 말야.

한시바삐 결단을 내리게. 예술가들은 대개 단호하지 못하고 회의적이라는 결점을 갖고 있는 모양이지만

자네같이 천재적이고 영웅적인 화가에게도 그런 결점이 있다는 게 나로서는 좀 못마땅하다네.

그는 내게 생전 들어보지도 못한 찬사를 남기고 떠났고, 나는 그에 힘입어 미친 듯 그림을 그려댔다.

조금 쉬십시오.
건강을
생각하셔야지요.

저어…

오늘 집에
손님이 오시기로
되어 있는데….

나보고 자리를
비워주란 말이요?

죄송합니다.

그럽시다.
근디 누가 오는디요?

은심이 언니하고
그 친구 분입니다.

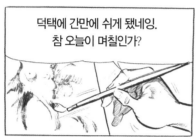

덕택에 간만에 쉬게 됐네잉.
참 오늘이 며칠인가?

2월 7일 아닙니까?

어따!

벌씨로 그리 됐나?
안 그래도 약속이 있었는디….

일찍 안 들어오셔도
괜찮습니다.

그럴 참이오.
성님을 만나믄
대포 한잔 허게
될 거잉께….

돈은 돈을 먹고 자라다가 이윽고는 인민의 피와 살을 먹기 시작한다네. 그게 바로 자본주의의 종착역일세.

노예해방이라고! 모르는 소리 말게. 놈들은 모두 자본의 노예가 되었을 뿐이네.

검둥이가 대통령 된 걸 본 적이 있나? 그런 일은 영원히 없을 걸세.

만인이 자유롭고 평등하게 살 수 있는 제도는 꼭 한 가지밖에 없어.

한 시간이 지나도 손병수는 나타나지 않았다.

게 서지 못해?

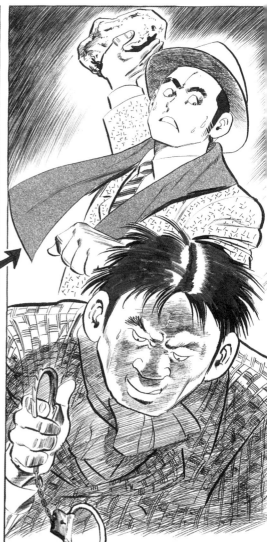

이, 이 화백….

어서 달아나세. 몇 놈이 더 있어.

쉿!

제기랄!

긴말할 시간이 없어.
이거 내 가족들 주소일세.

그럼 평양에서 다시 만나세.

몸조심허시오.

탁 탁 탁

탁 탁탁 탁탁

무서운 경험이었다. 거리의 행인들이
모두 다 내게 덤벼들 것만 같았다.

온몸이
식은땀에 젖어서
집으로
돌아왔다.

악몽은 같은 내용의 것일
경우가 많다.

똑같은 악몽을 되풀이해서 꾼다는 것은
다른 내용의 악몽을 꾸는 것보다
더욱 끔찍한 일이다.

그리고 악몽에는 설마가 없다.
악몽을 꾸어본 사람은
잘 알 것이다.
그것이 어떻게 시작되어
어떻게 진행되는가를….

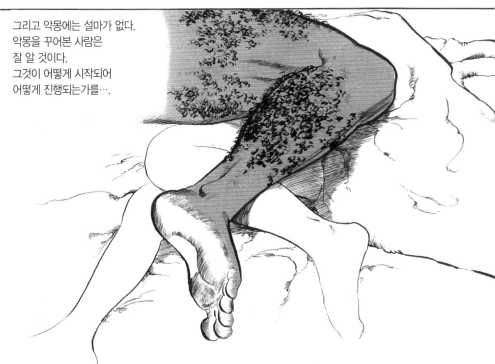

마님이 갑녀하고
엉겨 붙어 있을 때도
이렇진 않았다.
김혜린이 한동수와
그 짓거릴 한다고
오해했을 적에도
이렇지는 않았다.
또 한번 하늘이
무너져내리고
있었다.

어떤 사람은 이럴 때 방 안으로 뛰어들어가
두 년놈을 때려죽일지도 모른다.
그러나 나는 돌아서는 것이 고작이었다.
야스코가 나의 정식 아내였다고 해도
나는 돌아설 수밖엔 없었을 것이다.

일찍 돌아오지 않아도
괜찮습니다.

그래서
그랬단 말이냐?
그렇게
계획적으로!

야스코,
나는 네가 다른 남자하고
살을 섞는 일이 있다고 해도
그건 어쩔 수 없어서
그러는 일일 거라고
늘 다짐해왔다.

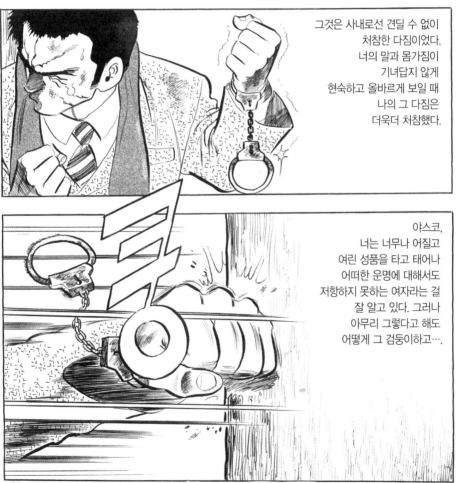

그것은 사내로선 견딜 수 없이
처참한 다짐이었다.
너의 말과 몸가짐이
기녀답지 않게
현숙하고 올바르게 보일 때
나의 그 다짐은
더욱더 처참했다.

야스코,
너는 너무나 어질고
여린 성품을 타고 태어나
어떠한 운명에 대해서도
저항하지 못하는 여자라는 걸
잘 알고 있다. 그러나
아무리 그렇다고 해도
어떻게 그 검둥이하고….

시간 맞춰 오는구나.
네가 조금만 일찍 왔어도
흉측한 꼴을
보여줄 뻔 했지 뭐니.

처음엔 얼마나
무서웠는지 아니?
그런데 그게 아니었어.

정말이지
색깔만 희고
냄새만 나지
않는다면
그 이상은
없을 거야.

앙큼한 년!
알 건 다 알면서
뭘 그렇게
시침 뗀 표정으로
서 있어?

꺼림칙한 짓을 한 건 사실이지만
좋은 걸 좋았다고 말하는 것까지
욕하지는 마라.
너나 나나 그 팔자가
그 팔자인 주제에….

훅

아따 이 자식아. 니는 어째 나를
찾아올 적마다 우거지상판이라냐!

나는 또 니가 그때 그 일 땜세
나허고는 영영 상종 안 허기로
맘묵었는 줄로만
알았지 뭐여.

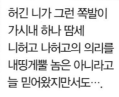

허긴 니가 그런 쪽발이
가시내 하나 땜세
니허고 나허고의 의리를
내띵게뿔 놈은 아니라고
늘 믿어왔지만서도….

뚝배 성, 나 오백 원만
있으믄
꾸어주시오.

244

오백 원 뭣에다 쓰게?

이유는
묻지 말아주시오.

그래,
니는 예술가였지 잉.
맨날 춥고 배고픈 것이
예술가라는디
요새 겉은 세상에
오죽허겄냐?

재! 에러분 일 있으믄 머뭇거리지 말고
한시라도 찾아오그라.
잘돼야 나도 사는 재미가 있지 잉.

고맙소.

그건 그렇고
기왕 왔응께
대포 한잔 해야 헌디….

담에 헙시다.
지금 당장
가볼 디가
있어서….

이놈의 정치인가 뭔가를
시작헐랑께 밤낮으로
눈코 뜰 새 없구먼.

자주 들르라 잉.
시간 나믄 와서
나 면상도
한 장 그려주고….

뚝배의 집에는
신사복 차림의 청년들이 모여 있었다.
그러나 그들이 뭘 하는지
나로서는 신경 쓸 상황이 아니었다.

지난밤 나는 난생처음
여관이라는 곳에서
잠을 잤다.

246

마마~

미미~

파파~

파파~

파파~

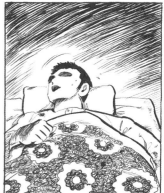

사랑하는 英子.

당신의 얼굴을 처다 볼 용기가
나지 않아 이렇게 붓을 들었오
내자신과 이나라의 혁명을 이룩
하기 위하여 부득불 당신과 작별하지

나는 일부러
그녀가 없을 만한 시각에
집으로 돌아갔다.

옷 한두 벌과
요사이 그린 그림만
싸들고 집을 나왔다.

미안하다, 야스코.
너를 용서해야 되겠지만
견딜 수가 없구나.
도저히…
도저히….

꼭 떠나야만 하겠단 말인가?

더 큰 이상과 목표를 향해
나아갈랑께 부득불
그런 결심을
헐 수밖에 없었구마이라.

강토 씨가 없는 동안 우린 모두
남로당 이후 새로 조직된 근로인민당 소속이 되었어요. 남
로당이 너무 과격하고 비이성적인 노선을 걷고 있다고 생
각한 지식층들이 모여 만든 조직이에요.

다시 한번 생각해보는 게 어때요? 우리의
투쟁은 보다 합법적이고 비폭력적이어야
해요. 우리와 함께 활동하는 게
강토 씨에게도 도움이 되지 않을까요?

언젠가 나가 그런 말을 했을 때
전부들 비양거리던 생각이 나네요.

혁명은
생각허고 말만 갖고는
성취헐 수 없습니다.

혜린 씨는 '지주 타도'란 말로
아부지를 설득헐 수 있을까요?

소용없는 일이어라우.
물러가라 물러가라 해도
양키는 안 물러갑니다.
우리에겐 우리들 생각만의 심도
필요허다고요.

물론
잘 안되겠죠.
하지만
끝끝내
포기하지 않는 게
중요하다고
봐요.

그동안 많은 가르침과
보살핌에 감사드립니다.
세 분께 모두….

이 그림, 미숙허기 짝이 없지만
세 분께 대헌 답례로 드릴라요.

글고 이거는
김희중 선배님헌테
전해주시오.
안부랑 같이….

내 곁을 떠나더니 대담해졌군.
그 사고방식이나 표현 기법이나….

또 다른 스승을
만났던 모양이지?

과찬의 말씀이구만요.
전 다만 저 자신부터 혁명을 시켜야
헌다고 늘 다짐했을 뿐인디요.

모든 게 자네의 뜻대로
되길 빌겠네.

저… 마침
가진 게 없어서
이거 여비에라도
보태 쓰시고요.

우리 이 다음에 꼭 다시 만나요.
성공을 빌겠어요.

강토… 지난번에
정말 미안했네.
진심으로 사과하네.

난 진즉에 다
잊어뿌렀습니다.

난 지금껏 너희들을 올려다보며 살았다.
그러나 이제 상황이 달라졌다.

너희들은 모두 공허하고
나약한 원칙론자들에 불과하다.
행동으로 옮길 수 없는 철학이란
또 하나의 악에 불과하다.
너희들은 내 발끝에도
미치지 못하는 인간들이다.

나를 쳐다보던 김혜린의 눈빛,
그것은 무엇을 뜻하는가?
아아~ 나는 이제야 당당한
인간으로 인정을 받은 것이다.

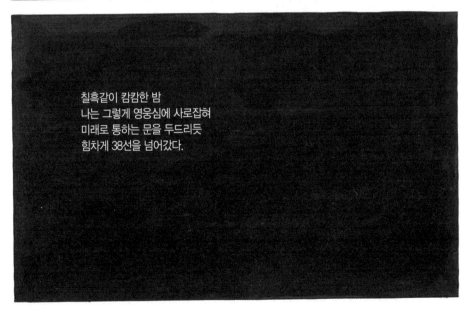

칠흑같이 캄캄한 밤
나는 그렇게 영웅심에 사로잡혀
미래로 통하는 문을 두드리듯
힘차게 38선을 넘어갔다.

젊었을 적에 나는 꿈 많은 젊은이였다.
누가 아니라고 해도 그랬다.
정말이다.
원대한 포부와 이상을 가진
정열의 화가였다.

드디어 오셨구만.
난 자네가 꼭 오리라고
믿고 있었네.

그날 갈라진 뒤 다시는 성님을
못 만날 거다 해서 걱정했구마이요.

하하~ 이 사람아! 인간 손병수를
어떻게 보고 하는 소리야.
나 그렇게 호락호락한 사람
아닐세.

자 소개하지.
여긴 집사람과 맏아들,

그리고 누이동생.

평양에 오신 걸
환영해요.

예, 첨
뵙겠습니다.

방이 두 칸뿐이라
이 광을 방으로 꾸며놨네.
조금 어둡긴 하지만 쓸 만할 걸세.
작업도 할 수 있고….

고맙구마이라,
성님.

공산당 중앙위원회
정치위원 손병수의 각별한 배려로
나의 평양 생활은
순조롭게 시작되었다.

성님, 나가 할 일을
갈쳐주시오잉.
인자부터 나도
본격적으로 활동을
허고 싶소.

화가가 할 일이 뭔가?
우선은 그림이나
열심히 그리게.

배승엽 선생님께 인사드리게.
작년에 월북하셨고
지금은 문화협회에서 중책을
맡고 계시다네.

뵙게 돼서
영광이구마이요.

그리고 백종호 선생 역시
월북 화가이시지.

손 선생께서 입에 침이 마르도록 칭찬하신 이유를
이제 알겠군요.

부끄럽구마이라.

이번 가을에 우리 월북 화가들끼리
전시회를 열 계획인데
작품 몇 점 출품해주셔야겠소.

지… 지가요?

동무 말고
또 누가 있소?

무… 물론
허겠습니다.
그럴 자격만 있으믄….

자격은 누구에게나
동등하게
주어져 있는 것이요.

출품하겠습니다.
하구 말구요.
평양 시민 모두의
가슴을 둥둥
울려놓고야
말겠습니다.

1948년 5월 10일 남조선에서
유엔 감시하에 총선거가 실시되어
제헌국회가 구성되었다는
소문이 들려왔고,
곧이어 8월 15일
대한민국 정부가 수립되었다는
소문도 들려왔다.

두고 온 가족들,
야스코, 김혜린 등의 얼굴이
눈앞에 어른어른 떠올랐다.
나는 이를 악물고 그림을 그렸다.

3주일 후,
38도선 이북 지역에서도
인민 선거가 실시되어
조선민주주의인민공화국이 수립되었다.

여보, 무슨 언짢은 일이라도 있어요?

아니오. 갑자기 남조선에 두고 온 친구들 생각이 나서….

그러나 나는 그가 왜 풀이 죽어 있는지 알 수 있었다. 그가 섬겨오던 박헌영이 아닌 김일성이 수상으로 선출되었기 때문임을….

성님, 너무 서운허게 생각 허지 마시오. 우리 목적은 하나고 우리 인민들은 니나 나나 헐 것 없이 피를 나눈 혁명 동지들 아닌 게라우!

그래. 자네처럼 그렇게 순진한 시각에서 보자면 섭섭할 이유가 없겠지.

조선 민주주의 인민공화국 수립 기념
월북 화가 특별전   장소 : 평안 남도 도청

〈머슴 삼득이〉
이강토

〈지주 마님〉
이강토

〈혼혈아〉
이강토

이 그림
누가 그린 거디요?

배승엽 선생님께서
그렸습니다.
우리 조선 화단의
원로 작가이시죠.

원로?

원로는 이런 그림
그려도 되는 겁네까?

대가의 풍모가 엿보이지 않습니까?
작년에 월북하시도록 포섭하는 데
꽤 애를 썼습니다.

내 말인득 대가리라고 해서
이시따위 타락한 그림을 그려도
좋으냐 이 말이외다.

우리 인민공화국 수립을
기념하는 던시회에 이시따위
썩어빠딘 양키 그림을
걸어놓다니
참으로 통탄할 노릇이구면.

날래 떼어버리도록 하라우요.

이 작품은
양키 그림이 아니라
불란서의 인상주의 영향을
받은 작품입니다.

불란서? 불란서도 부르조아 나라 아인가?
난 배운 거이 없어서 잘 모르디만
기래도 일국의 문화선전성 부장이란 말이외다.
냄새나는 자본주의 그림 쪽은 식별할 수 있다,
이 말이외다. 더 높으신 분께서 보시기 던에
날래 철거하도록 하라우요.

보구래! 이거이야말로
우리 전 인민들이 봐야 할
그림 아니갔소!

보는 순간 더덜로
피가 끓고
혁명 의식이 고취되는
걸작에이오!
아니 그렇소?

이 정열적이고
충격적인 그림을 그린 분이
누구디요?

이강토? 그 동무한테
내가 다시 한번 보잔다고
던해주시라요!

손미숙.
그녀는 김혜린처럼
이지적인 마스크의 소유자였으나
김혜린만큼 이쁘지는 않았다.

그녀는 야스코처럼
가냘픈 체구를 가졌으나
야스코처럼 보호 본능을
불러일으키지는
못하였다.

그러나 자신감에 찬 민첩한 동작하며
조금은 오만한 듯한 표정이 매력적이었다.

나는 속으로
그녀에게 화가 나 있었다.
그것은 그녀가 나에 대해
전혀 관심을 갖지 않은 듯
보였기 때문이다.

전시장에서도 그랬다.
모두들 내 그림 앞에서
발길을 멈추는데
그녀는 그저
휙 지나가버렸던 것이다.

갑자기 오희도란 녀석이
자주 드나드는 게
수상쩍었다.

알고 지내게.
같은 또래니까
좋은 친구가 되리라 믿네.

그렇게 되진 않을 거라는
느낌이 들었다.
녀석의 태도 어딘가
사람을 업신여기는
구석이 있었다.

동무!
동무는 이 답답한 방구석에
갇혀 그림만 그린다는 거이
국가적 낭비라는 생각,
해본 적 없소까?

낭비라니요?
예술은 사상이랑 지고의
가치를 갖고 있는 거 아니오?

아아, 나도 그쯤은
알고 있수다.
내 말은 기리니까 너무
많은 시간을 허비하디
않느냐 이 말이외다.
노동자들을 보구래.
갸들은 뼈 빠디게 일하구두
남은 시간을 또 혁명을
위하여 바티고 있수다.

녀석은 자기 직책에
지나친 자부심을
가지고 있는 게
분명했다.
민주청년동맹
연락부 부장!

그런 것은 아무래도 좋았다.
못마땅한 것은 손미숙이 그 밑에
연락부 위원이었다는 점이었다.

무슨 말씀들을 그렇게 재미있게 나누세요?

손미숙 동무는
예술과 혁명 둥
어느 거이
더 둥요하다고
생각하네?

호호, 그거야
물론 혁명
쪽이지요.

한마디로 무식한 것들이었다.
나는 어떻게 하면 그녀에게
예술이 곧 혁명임을,
예술이 얼마나 위대한 것인가를
깨닫게 할 수 있을까
고심했다.

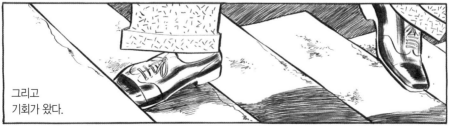

그리고
기회가 왔다.

덩말 놀랐수다!
나이가 덕어두 삼십은
됐을 기라고 알았는데….

동무를 만나자 한 거이는
다름이 아니라 동무의 재능과
업적을 높이 평가하야서
동무의 창작 활동을
뒷받침할 만한 일이 없을까
하는 동기여서…

뭐 불편한
덤이 있거이나
둥앙당에 요구하고
싶은 사항이 있으믄
사양허디 말고
말해보라마.

정말로 예기치 못했던 일이었다.
침이 꿀꺽 넘어갔고…

그다음엔
마음에도 없던 말을
나도 모르게
지껄이고 있었다.

제 보잘것없는
재능을 그렇게
보아주싱께 새삼스레
월북허길 잘했다고
생각되그마이요.
불편스런 점은 없고
단지…

단지 뭐이가?

지 능력에
딱 맞는 직책이
한 개 주어진다믄
보다 투철한
사명감을 갖고
혁명 과업의 성취를 위해서
지 모든 젊음과 정열을
불태울 수 있겄다
허는 욕심을 갖고
있습니다요.

어드런 직책을?

지는 월북헐 때부텀
민주청년동맹의
선동선전부 부장이
되어보고 싶었구마이라.

동무.

손미숙 동무 어떠하오?
미인이디요?

남자라면 한번쯤 탐내볼 만한 여자 아니갔소?

하하하! 대답이 없는 걸 보네 동무 역시 마음속으로 엉큼헌 생각을 품고 있는 거이 틀림없구만!

한번 슬쩍 마음을 떠보는 거이 어떠하오? 한집에 살믄서 기회도 많을 터인데 말이야.

개새끼. 실컷 갖고 놀아라. 며칠 후면 나도 너와 동등한 위치에 올라선다.

북 북 북 북

하하하! 동무 얼굴 빨개지누만. 내 말이 정곡을 띠른 모양이네.

화내디 말라우. 난 진심으로 하는 말이니끼니.

이상하게도 내겐 같은 일이
자꾸 반복된다.
언젠가 김희중 선배가
김혜린을 유혹해보라고
놀리지 않았던가.
그러나 그때는 이렇게
화가 나지 않았었다.

다 그렸소.

이… 이거이
내 얼굴이란
말이가?

그림을 볼 줄 안다믄 똑같이
안 그렸다고 성내진 않을 것이오.
실사주의 시대는
폴시께*
지나가뿌렀응께.

*폴시께: '벌써'의 전라도 사투리

이 깐나 새끼가
어디서!

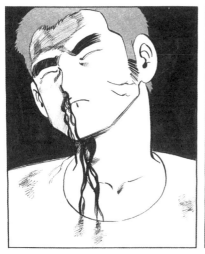

막을 수도 있었고
피할 수도 있었다.

그냥 맞고 있었던 것은 다음에
보다 통쾌한 복수를 하기 위해서였다.

오냐! 네 놈 말대로
손미숙일 내 여자로
만들어 보여주마.

인간과 인간관계에도
천적이 있다는 말을 들었다.
놈과 나는 그렇게 이유도 없이
서로를 증오했다. 한편으론 엉뚱한 일에
말려들고 있는 내 자신이 한심했으나
어쩔 수가 없었다.

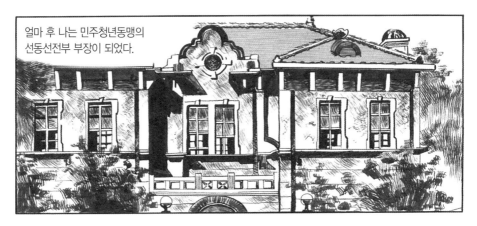

얼마 후 나는 민주청년동맹의
선동선전부 부장이 되었다.

나는 나의 재능을
발휘하여 각종 포스터와
홍보물 등을
제작 · 배포하였고

많은 사람 앞에서
연설도 했다.

손미숙이 내 능력에 놀란 것은 당연한 일이었다.
나 스스로도 나의 잠재적인 능력에
놀랄 정도였으니까 말이다.

그토록 내성적이기만 했던 내가 연설을 한다.
많은 부원을 이끌어나간다.
그리는 그림마다 보는 사람들을 감동케 한다.
이게 바로 혁명이 아니고 뭐란 말인가!

갑자기 그녀가 없던 관심을
보이기 시작한다.

이번엔 내가 도도하게 굴 차례다.
그것은 아주 손쉬운 일이다.
왜냐하면 나는 그녀를
조금도 사랑하지 않으니까….

이 군 있나?

자네에게 몇 마디 충고를 할까 해서
찾아왔네. 내게 듣는 말
모두 비밀로
해줄 텐가?

그건 쪼께 곤란허구마이요.
지는 입이 촉새라서
비밀 같은 건 잘 지키지
못헝께요.

그럼,
마음대로 하게나.

자네가 월북을 한 건
치명적인 실수였네.
나 또한
그렇지만….

자네 그림이
지금 이 사회에선
평가받고 있지만,
머지않아 자네는
자네 그림과 함께
처형당하는 운명에
놓일 걸세.

280

자네의 그림을 처음 보는 순간 그걸 느꼈다네.
무한한 자유에의 추구 말일세.
아직 경험과 연륜이 부족해
지금 정도에 머무르고 있지만, 자넨 조만간
이 사회와 자네 자신을 부정하는 그림을
그리게 될 수밖에 없을 걸세.

시대를 앞서가는 자, 절대적 자유를 추구하는
자는 어느 사회에서건 받아들여지지 않네.
특히 이런 획일적인 사회에서는!

나야 살 만큼 살았으니
어찌 되건 상관없지만
자네는 안 되네.
다시 월남을 하게.
내가 동행해주겠네.

대체 뭔 말씀을
허시는 건가요?

내 친구 얘기를 하지. 그는 시인이자 평론가였네.
1926년에 조선=프롤레타리아 예술동맹에 가맹한 뒤부터
여러 조직의 중책을 맡아
활동을 했었네.

지나간 얘긴 듣고 싶지
않구마이요.

결론만 얘기하지.
그가 남긴 마지막 말이
뭐였는지 아나?

우리가 얻은 것은 이데올로기요,
잃은 것은 예술이다.

소련의 경우를 보게.
19세기엔 체호프, 고골,
도스토옙스키, 톨스토이,
투르게네프, 푸시킨 등
수많은 문호와 대가가
나타났었네.
그런데
레닌 혁명 이후엔
왜 그런 대작가와
천재들이 나타나지
않는 걸까?

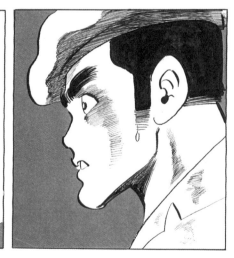

수많은 화가, 시인,
음악가가 비참한 일생을
살다 갔네.
그들은 보석과 같은
작품을 남겼네.

그러나 이 사회는
그런 작품을
만들어내지 못하게
할 걸세.

자네가 싫다면
나 혼자 내려가겠네.

선상님! 38선은
그전의 38선이
아니어라우.
괜시리
넘어가다가는
총알 덤터기를
받을 껀디요.

차라리
그 길을 택하겠네.

저벅 저벅 저벅

노쇠한 늙은이의
넋두리일 뿐이다.

그는 자신의 재능을
모두 소모해버린 것이고
이젠 더 이상 그릴 것이
없는 것이다.

남은 일은
서서히 죽음을
기다리는 것뿐.

그리고 그는 죽음이
두려워졌을 것이다.
왜냐하면 후세에
남을 만한 그림을
그려두지 못했으므로…

그는 다른
젊은 예술가들을
찾아다니며
똑같은 넋두리로
우리의 혁명을
방해할 것이다.

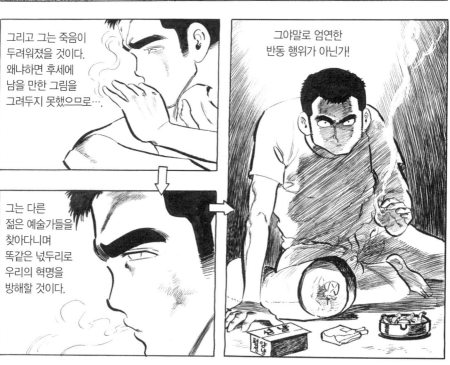

그야말로 엄연한
반동 행위가 아닌가!

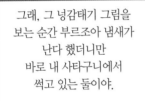

그래, 그 넝감태기 그림을
보는 순간 부르조아 냄새가
난다 했더니만
바로 내 사타구니에서
썩고 있는 돌이야.

당장
인민검열위원장을 만나
대책을 숙의해야겠구만.

그만 돌아가 있으라마. 자네 같은 열성 당원이
바로 이 나라의 기둥이라는 점 명심하가서.

이강토!

옛!

면회다.

...

잘 있었네, 동무?

훈련은 어드레?

체력 보강에 좋그마이요. 그림만 그리다봉께 몸이 상당허게 부실해졌그덩요.

날래 들라우야.

자네 덕분에 그 넝감태기 말고도 그와 연루된 반동분자 두 명을 더 색출해낼 수 있어서야.

축하드립니다요, 부장 동무.

축하는 자네가 받아야디.

다음 주부터
내 밑에 와서
일해줄래네?

그만한 나이에
또 그토록 짧은 기간 내에
자네처럼 여러 분야에서
뛰어난 실력을
발휘한 사람은
일찍이 없어서야.

예술이야말로
끊기지 않는 혁명이오.
뭔 의미인지 알겠소?

글쎄요,
알 듯 말 듯해요.

우리가 입 맞춘 거시
몇 번인지 아요?

몰라요.

중요한 건 횟수가 아니라
항상 그 느낌이 다르다는 거요.

얘긴 즉슨 백만 번의
입맞춤은 백만 번의
혁명이랑 같은 것이오.

그렇게 설명하시니
조금은 알 것 같아요.

알 것 같다고!
그 새대가리로!

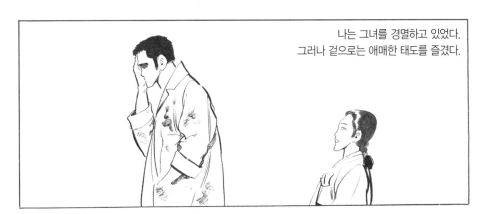

나는 그녀를 경멸하고 있었다.
그러나 겉으로는 애매한 태도를 즐겼다.

그럴수록 그녀는 내게 깊이 빠져들었고
나는 내 정신의 음험한 쾌감을 즐겼다.

오희도 동무!
요새는 왜
안 놀러 오는 거요?

손미숙 동무 어쩌요?
미인이지요 잉.

동무의 충고대로
맘을 떠보까 허는디
첨에 뭔 말을
했으믄 쓰까요?

카
앙
악

투ㅔㅅ

그것은 위험한 장난이었다.
나는 어느 순간순간
녀석이 내 등 뒤를 향해
비수를 던질 것 같아
오싹오싹했다.

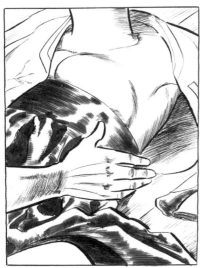

왜, 왜
그러세요?

죄를 짓는 기분이랑께.

저를 사랑하시잖아요.

모르겠어.
그런 것 같기도 허고
아닌 것 같기도 허고.

이해할 수가 없어요.
당신은 모든 일을
너무 복잡하게 생각해요.

좌우당간 나는 아직
결혼을 약속헐 수 없어.

그래서가 아니었다.
겁나는 건 그녀의 오빠 손병수였다.
그는 내 목을 당장이라도
날려보낼 수 있는 실력자다.

결혼을 하면 될 게 아니냐고?
그건 멍청한 짓이다.
나는 그녀보다 몇 배나 더
아름답고 현명한 여자를
만날 가능성이 있다.
그럼 불장난을
그만두라고?
그것도 멍청한
짓이다.
어쨌든 그녀는
매력이 있는
여자니까….

나는 내 능력에 새삼 놀란다.
나는 연애의 비밀을 터득한 것이다.
사랑의 포로가 아닌
사랑의 지배자가 된 것이다.

그리고 그 모든 것은 내 잘못이 아니다.
그녀가 제멋대로 나를 업신여겼고,
그녀가 제멋대로 나를 좋아한 것이니까.

동무!

동무 말대로 맘을 떠봤소.

한마디 말도 안 끝났는디
나 품에 쓰러집디다.
그래서 어쩌케 됐는지 알겄소?

이 에미나이 새끼들!
뭐 하고 있는 거네?!

지금 미제 놈들이
땅크를 모두 38선에 갖다 붙이고
오늘낼 오늘낼 한다는 거이
너 모르네?

그로부터 일주일 후
전쟁이 터졌다.

오희도와 나는 나란히
최전방 전투에 투입됐다.

나는 원래 첫 작전에 투입될
정규군이 아니었다.

그 말 진심이가?

돌아가 제자리를 지키라우!
상황에 따라
작전에 투입되든가 않든가
할 테니끼니.

참말이구마요.

전쟁이 후딱 끝나뿔믄
나는 공을 세울 길이
안 없어지요?

자넨 예술가야!
군인이 아니라구!

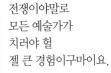
전쟁이야말로
모든 예술가가
치러야 헐
젤 큰 경험이구마이요.

위험헌 경험일수록
위대한 작품을
낳는 것
아니겠습니까?

죽고 난 뒤에
무슨 작품을
낳는단
말인가?

지는 안 죽을
자신 있구마이요.
죽는다믄 벌써
작품을 낳을 자격도
없는 거시
될 거구마이요.

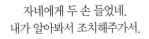
자네에게 두 손 들었네.
내가 알아봐서 조치해주가서.

지 말고 또 한 사람
지원자가 있구마이요.

후후, 인자 나라는 인간이 어떤 놈인지 알겠제?
한 가지 당부하고 싶은 거시 있다.
전투 중에 나 등 뒤에서 총을 쏜다거나,
야밤중에 대검으로 나 모가지를
쑤시지 않았으믄 좋겠구마잉.

나는 오희도를 거기에 끌어들였다.
왜 그랬는지는 나도 알 수가 없었다.

나는 그 무렵 반쯤 미쳐 있었다.

오냐, 전쟁이 끝날 때까지 기다려주가서.
네 놈을 둑이기 위해서라도
난 끝까지 살아남을 끼야.
기리고 널 둑여주가서.
되도록 턴턴이.

6월 25일 새벽, 김포공항

내가 과연 사람을
죽일 수 있을까?

뚜루루루루

뚜르룽르르

그것은
분명히
사치스러운
고민이었다.

총의 무게는
느껴지지도 않았고,
내 생명의 무게도
느껴지지 않았다.

뚜루루루루루

1950년 6월 25일
해가 뜰 무렵,
우리는 이미 38선
이남에 내려와
있었다.

그날의 태양은 평소보다
백 배나 더 붉었고,
백 배나 더 장엄했다.

나는 그 태양을 꿀꺽 삼켰다.
가슴이 쾅쾅 뛰었다.
이제 곧 혁명과 해방의 깃발이
온 누리에 나부끼리라!

뭐이 좀
이상하디 않니?

애시당초에
자빠질
새끼들이레
전쟁을 다
걸어오고
말이야.

살다 보믄 지 무덤 파 쌌는
놈들도 허다헝께.

흐으. 바로
동무레 자신 얘기
하고 있구만.

?

지금까지 네놈이레 나한테 해온 짓거리가
모두 제 무덤 파는 거 아니가서?

조금 있으믄
증명이레
되갔디만…

….

야, 거 고향 산천 부모 형제들한테
총부리레 디미는 심정이 어떻든?

나 같으믄
기릏게는 못가서.
혁명도 동구
예술이레 뭐 더 둏갔지만
사람의 탈을 쓰구서
되가서?

오 희 도!

철 컥

헛짓거리
허지 마!
나 비위 건들믄
어찌 되는지
아냐?!

씨익

다음 날 밤에도
우리는 정신없이 쏴 갈겼고
정신없이 내달렸다.

나… 나…

그 뜨겁고 비릿한 피가
얼굴에 끼얹어진 순간
나는 본능적으로
전투에 지원한 것을 후회했다.

야! 이 에미나이야!
날래 쏴 죽이디 못하구
거 뭘 하고
있는 거가?

밤새도록 비린내가
코를 찔렀다.

얼굴을 닦아도 마찬가지였다.

우욱!

우웩!　　　우웩!

끄윽...
끄윽...

겨우 그 배포 가디구서 낼 끌어들인 거이 신통허구먼.

동무레 거 솔딕하게 말해보라우야.
날 끌어들인 이유레 뭐이가?

말하디 않아두 뻔한 얘기니끼리. 그래, 나를 손미숙 동무 옆에 놔두고 혼자서 갈 수는 없었다 이거 같디?

동무레 길디 말구 우리 한번 타협 좀 해보자우. 전공을 많이 세운 사람이 손미숙 동무 차지하기로 내기하는 거 말야. 어떻갔나?

빙신새끼! 손미숙인 나가 폴시께 묵어뿌렸다고 안했냐!

이런 시발놈의 새끼가!

철컥

철컥

뻬유우우우...

쾅

킥킥킥!

걱정하덜 말어, 이 병신아.
손미숙이는 아직 깨끗허고 말짱헝께.
니가 갖든가 딜레뽈든가 맘대로 해.
우선 남조선 해방부터 시켜주고
난 담에….

도, 동무
그 말이….

으하하하!

인민군
만세!

만세!   인민군 만세!

가슴 벅찬 날이었다.
불과 사흘 만에 우리는
서울을 해방시키지 않는가.

나는 연도의 시민들을 곁눈질로 살폈다.
혹시 아는 얼굴이라도
나와 섰지 않을까 해서….

김혜린과 그 주위 사람들에게
나의 늠름하고 자랑스러운 모습을
보여주고 싶었다. 그들의 소극적인 태도를
맘껏 비웃어주고도 싶었다.

척 척

그리고 야스코도
보고 싶었다.

정말이지 나무랄 데 없이
착하고 아름다운 여자였다.

일본 여자이긴 했지만
나는 결혼할 생각까지 하고 있었다.

그 검둥이 새끼와
그러지만 않았어도….

빌어먹을…!
왜놈들은 모두 쌍놈이고,
왜년들에겐 정조 관념이
없다더니….

평양을
떠나기 전날
그녀는 눈물을
보였다.

꼭 가셔야만 해요?

잘 알믄서 그래,
난 내 의지와
신념대로 행동하는
인간이란 걸….

당신은 군인이 아니라
화가예요. 저를 위해
남아주실 수도 있잖아요?

예술보다 혁명이
더 중하다고 말한 사람이
바로 동무 아니었소….

여자에게 더 중요한 건
사랑이었어요.
너무 늦게 깨달은
일이었지만….

꼭 돌아오시는
거죠?

돌아오고 말고….

쿠우   쿠우

덜떨어진 녀석.

쿠우...   쿠우

아무튼 녀석을 속여 둘 필요가 있었다.
자칫하면 잠들어 있는 내 머리통에
따발총을 갈겨댈지도 모르니까…

쿠우   쿠우

솔직히 말해서 난 적군보다도
내심 녀석을 더 두려워했다.

적어도 낙동강 전선에
다다를 때까지는 그랬다.

도대체 뭐이 어드렇게
된 거이야!
화력이레 몇 배나
불어낫디 않아, 이거!

동무들이레 둘이서는 민주청년
동맹에서 부장들이랬다든데,
거 맞소?.

거기다가 이번 전쟁에는
자원해서 들어왔다는데
거 덩말이외까?

두 동무는 나보다 똑똑하고
아는 것도 훨씬 많디 않아요?
그래서 묻는 거인데 이 전쟁에서
우리가 이기는 거 같소,
지는 거 같소?

아, 저 낙동강 돌파하믄
이긴다지 않나!

인자 공격이 좀 뜸허네잉. 동무 후딱 자기 위치로 돌아가드라고.

아이구! 난 이덴 무서워요. 맨 첨에야 신바람 났댔는데 이젠 뭐 무서워 둑가서요!

길세, 아무리 생각해도 모르갔어요! 왜들 이렇게나 싸워야 되는 거인지!

훈련소에서 귓바퀴레 닳도록 들었댔는데 도대체 혁명이란 게 뭐인지, 난 원….

이봐요, 동무들! 아는 대루 좀 솔직하게 말해주구레! 혁명하고 목숨하고 뭐가 더 중요하갔소?

말 좀 해보라구요! 동무들이레 둘이서는 민주청년동맹에서 부장들이랬다는데 동무들은 혁명 위해 목숨까지 바치는 사람 아니외까?

죽갔구만!

혁명과 목숨,
어느 것이 더 중요하냐고?

내가
혁명에 목숨을 바쳐
싸우는 사람이라고?

뭔가 잘못되었다.
이건 내가 원했던 바가
아니다.
이건 진정한 혁명가의 길이
아니다.

나는 자신감에
넘쳐 있었고
그 자신감에 취해
스스로 전투에 참가했다.

그런데 여기서
이렇게 죽어버린다면
지금까지의 내 인생은
무엇이란 말인가?

아니다.
나는 죽을 리가 없다.
이렇게 죽기 위해서
태어났을 리가 없다.

이건 악몽이다.
깨고 나면 아무것도 아닌
악몽일 따름이다.

처음 병력의 반수 이상이
몰살했다.

그러나 후퇴 명령은
내려오지 않았다.

물어보지 않아도 알고
들어보지 않아도
알 수 있었다.

옥쇄 작전!
달아나는 자는 볼 것 없이
사살이다.

이제 남은 일이라곤
죽는 것뿐.

동무!
니 나를 원망허냐?

누가 먼저 손을 내밀었을까?
우리는 어느새 손을 잡고 있었다.

녀석의 손은
끈끈했고 뜨거웠다.
아마 내 손도
그랬을 것이다.

주위는
쥐 죽은 듯
고요했다.

짙푸른 하늘을 보며
나는 수채화 물감을 생각했다.

그림을 그리고 싶었다.
인물도 정물도 아닌
자연 그대로의 풍경을….

평양에서의 내 생활은
잘못된 것이었다.
그것은 일종의 타락이었다.

순수한 예술가답지 않게
순수한 혁명가답지 않게
나는 내 일신상의 출세와 안위에만
집착했다.

솔직히 말해서 나는
선동선전부 부장이 되고 싶은
생각이 없었다. 손미숙이를
차지하고 싶은 생각도 없었다.

그것은 모두 거저 얻어진 것이다.
나는 주위 환경과 분위기에 휩쓸려
날뛰었을 뿐이다.

나는 오희도 이 작자의 언행에
초연히 대응했어야만 했다.

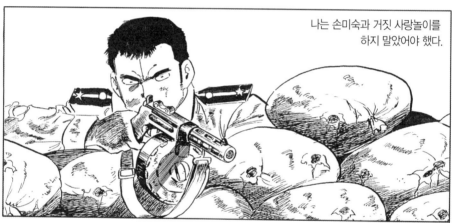

나는 손미숙과 거짓 사랑놀이를
하지 말았어야 했다.

나는 이 전쟁에
지원하지 않았어야 했다.

이제 모든 게

끝났다.

나의 혁명도

예술도….

이렇게 죽을 순 없어!
나는 살아야 해!

경험은 이걸로 충분허단 말이여!
나는 저 퍼렇디
퍼런 하늘을
그려야 된당께!

나는 지원병이구마이오!
다시 돌려보내주시오 잉!
나는 할 일이 많은 몸이라고요!
혁명의 끝을 봐야 헌당께요!
이대로 죽으믄 안 돼요!
나는 아직 후세에 남길 그림을
그리지 못했단 말이요!

그러나 그것은 생각뿐
꼼짝도 할 수가 없었다.

자꾸만 바지에 오줌을 싼 것 같은 느낌이 들었으나
쳐다볼 수도 만져볼 수도 없었다.

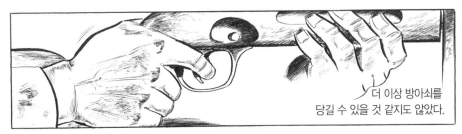

더 이상 방아쇠를
당길 수 있을 것 같지도 않았다.

이강토 동무!

오희도 동무!

따라오라우!

이강토, 오희도
두 동무레
이번 임무에서 해제한다.

녀석과 나는
그렇게 영문도 모르는 채
다른 부대에 배속되어
북쪽으로 후퇴하게 되었다.

부우우웅

부웅 부웅

퇴각의 길은
험난하고 처절했다.

끼이이이이잉

부우우웅

쉬잇!

아무 말도
할 수가 없었다.
말을 하면
나까지 쏴 죽일
것만 같았다.

우선은 살아서
돌아가야만 했다.

데구르르

뚝 뚝

무사히
살아나기만 하면
정말 그림다운
그림을 그릴 수
있을 것만 같았다.

그 반대의 생각도 들었다.
화가로서의 내 인생은 끝났다.
나의 두 손은 피로 물들었다.

나는 더 이상
아무것도
그릴 수 없을
것이다.

그러나 그림에 관한
고민을 하기에는
아직 일렀다.

천신만고 끝에
38선을 넘었나 했더니
연합군의 총공세에 밀려
압록강 부근까지 쫓겨
올라가야만 했다.

그해 12월,
손병수가
나를 찾아왔다.

살아 있었군.

성님.

정말 죽은 줄만
알았네.
자네를 찾느라
얼마나 고생했는지
아나?

아닌 게 아니라
낙동강에서는 꼭
죽는 줄만
알았다구마이요.

그래, 내가 안되는 일을
억지로 해내었지.
부수상 동지한테까지
가서 자네를 빼달라고
부탁해야 했으니까.

그제서야 그때의 의문이 풀렸다.
나는 박헌영 선생의 힘을 입어 그 죽음의 참호
속에서 나올 수 있었던 것이다.

내가 왜 그렇게까지
했어야 했는지
알겠나?

미숙이가
자네 애를
가졌네.

자네를
탓하진 않겠네.
책임만 져준다면.

죄… 죄송하구마이요.
무… 물론 책임은 질
생각이었어라우.

그보다…

자네 미숙이와 함께
다시 월남할 생각 없나?

아무래도 기류가
심상치 않아.

우리가 진다고 보시는구면요?
헌디 지금 중공군 동무들이
안 오고 있소. 그 병력이
우리 조선 반도의 병력을
몽땅 보탠 것보다도
많다든디….

전쟁이 아니라
정치 문제일세.

박헌영 선생께선
수상이 되었어야
하는 건데….

안직도 그 생각인가요?
헌디 박헌영 선생께선
새로 만든
정치국의 국장으로
안 임명됐소?

어린애
사탕발림이지.

이번 패전의 원인이 어디 있다고 보나?

그, 그거야….

누가 뭐래도 김일성 동무의 잘못일세. 미국이 남조선 지원을 위해 연합군 투입을 그렇게 신속히 결정할 줄은 예측하지 못했거든.

그런데 그 책임은 누가 졌는지 아나?

연안파의 무정, 소련파의 김열, 그리고 남로당*파의 허성택 등등이 며칠 전에 숙청당했다네. 물론 그와 함께 자기 직계의 임춘추, 최광 등도 해임시켰지만 그건 어디까지나 공정하게 보이려는 제스처에 불과한 걸세.

*남로당: 남조선노동당

354

그러믄 수상 동무께서는
패전의 책임에서 벗어날라고
박헌영 선생께 중장 계급장을 달아주고
총정치국장으로 임명했단 말인가요?

그런 셈이지.

생각해보게. 박헌영 선생께 중장 계급이라니….
가소로운 짓 아닌가.

지금과 같이 제멋대로라면 언제 어느 때
우리 남로당파가 제거되는지 알 수 없는 일이야.

그렇게 되면 자네나
나나 이 사회에서
일어서긴 영 틀린 걸세.
내 말 알아듣겠지?

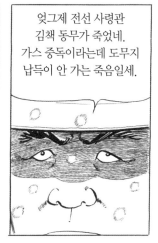

엊그제 전선 사령관
김책 동무가 죽었네.
가스 중독이라는데 도무지
납득이 안 가는 죽음일세.

그… 그러믄 성님은
그것을 의도적인 살인으로….

알 수 없지.
김책 동무도 혁명 경력이 좋고
정치적 수완이 높은
사람이었으니까.

머시냐, 어차피 정치란 거시 그런 거 아닌가요?
서로 잡아묵고 잽혀묵고….

자네 같은 순수한
혁명가의 입에서
그런 소릴 듣다니
뜻밖이군.

인류의 역사가 안 그려요.
더군다나 우리나라는
신생국인디….

성님. 나를 떠볼라는
생각이라믄
그만 돌아가시오.

지금 이 상황에서 월남헌다는 건
말도 아니구마이라.
사내새끼가 샘을 파도
한 구멍을 파야 허지 어디···.

자네가 부럽군.

나도 나만한
골수분자가
없다고
생각해왔는데···.

지금 수많은 인민이
남하하고 있다는 사실,
어떻게 생각하나?

지주와 양반들,
그 사람들이 도망허는 건
당연헌 일 아닌가요?

358

점점
자신을 잃어가고 있다.
그토록 자신에 차 있던 사람이….

왜일까?
왜?

그렇다. 그건
그가 혁명가라기보다는
정치가이기 때문이다.
혁명가에겐 보다 강한
변하지 않는 신념이
필요하다.

녀석을 보자
또 짓궂은 생각이
들었다.

동무! 금방 손미숙 동무의
오빠 동무가 댕겨갔어.

알고 봉께 낙동강에서 살아난 거시
손미숙 동무 덕택이드라고 잉.
오빠헌테 한 달 내도록
떼를 썼다는 거여.

자네를 빼주라고.

호, 혹시 편지 같은 건?

요새 폐렴에 걸려
누워 있는 모양이야.
동무에게 안부 전해달라더군.

폐, 폐렴!

염려헐 정도는 아닌
모냥이여.

생긴 것답지 않게 순진한 구석이 있는 녀석이었다.
나는 웃음이 터져나오는 걸 참기 위해
이를 악물어야만 했다.

해가 바뀌어 1951년이 되었다.

수일 내로 다시 오겠다던 손병수는
끝내 나타나지 않았다.

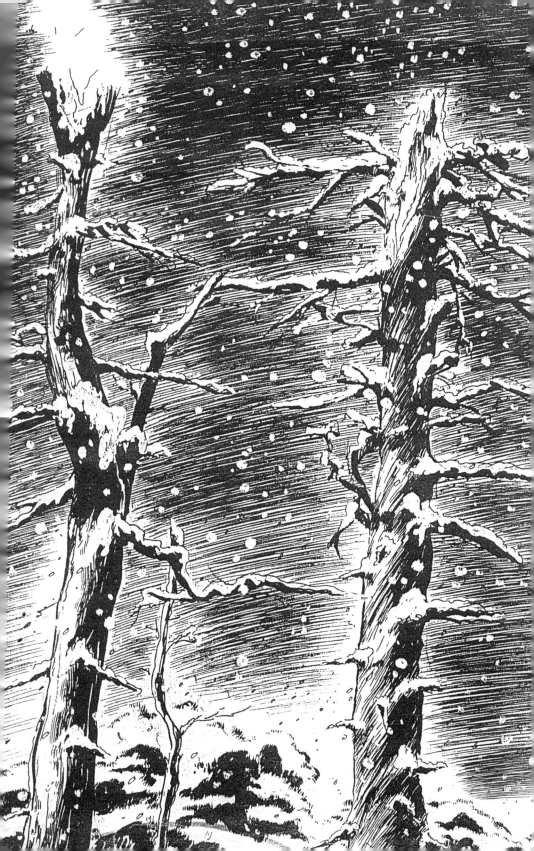

중공군의 지원에 힘입어
우리는 다시 남으로 진격했다.

모두 예전과는
달라져 있었다.

모두 능숙해져 있었고,
모두 잔인해져 있었다.

되풀이되는 무자비한 살육 속에서
우리는 모두 지옥의 짐승처럼
구역질 나는 본능에 의해서만
꿈틀거렸다.

혁명을 위한 전쟁인지
전쟁을 위한 혁명인지….

나의 순수했던 혁명 의식과
나의 순수했던 예술 감각은
선악미추, 희로애락의 관념과 함께
가슴속에서 더럽게 썩어갔다.

그리고 먹어야 한다는 게 또한 근본적인 죄악이었다.

오희도는
용감했다.

녀석에겐
아무런 죄의식도
없는 듯이 보였다.

녀석은 모든 증오와 절망을
자신의 내부에서
손미숙에 대한 사랑으로
바꾸어놓고 있었다.
그것은 사랑이 아닌
광기였지만….

나는 틈만 나면
녀석을 희롱했다.

동무도 보믄 너무 소극적인
일면이 있어 잉. 나가 동무였다믄
폴시께 손미숙 동무허고
결혼헐 수도 있었을 껀디
말이여.

떠나기 전에
청혼이라도
해보지
그랬는가?

쌍! 이놈에 전쟁이
잇따우로 오래 끌디
누구래 알았가서!

오! 한강 2_6·25 전쟁 369

미안, 미안. 나가 죽일 놈이시.
동무를 끌어들이는 거시 아닌디.

손미숙일 자네만큼
사랑하지도 않으믄서
괜시리 일시적인 감정
땜시….

쓸데없는 소리 말라우야!
동무 아니래도
잇따우로 될 수밖에
더 있었가서!

동무. 우리들이 이러고 있는 새에
어떤 네미널 새끼가 손미숙 동무를
확 묵어뿔믄 어쩌지?

이 동무가!

만약에
말이여,
만약에….

만약이고 뭐고
몽창 쏴
죽여뿌리는 거디!
별 수 있가서?

그리 되진 않을 거구만. 지조 있는 집안 처녕께.
나는 몰라도 동무를 배신허지는 않을 거시여.
동무허고는 서로 진실이 통했응께….

기리니끼니 나도 이처럼
못 잊고 있는 거이 아니가!

나는 녀석을 그렇게 희롱함으로 해서 심한 압박감과 긴장감, 그리고 죄의식 등을 해소시킬 수 있었다.

반대로 녀석에 대한 두려움은 날로 커져만 갔다. 진실을 알게 되는 날이면 녀석은 나를 찢어 죽이려 할 테니까.

그 치열했던 야간전투가 있던 날 아침.

미처 퇴각하지 못한
한 무리의 적군을
포위했다.

사껄!

사격 중지이이잇!

선배님!

삐 아아아악...

나 강토요,
이강토!

강, 강토!

선배님!

동무! 동무도
인민의 적이며 전쟁 도발자
집단인 미제 앞잡이로
몰리고 싶지 않으면
날래 비켜 서라우야!

동무들 오해하지 마시라요!

이 선배님은
내게 혁명 이론을
가르쳐준
혁명 선구자야요!

흐흐흐…

전라도 사투리가 와 기래?

구걸하지 마라.
목숨 같은 거
아무 미련 없으니까…

동무들 나가 보증을 스겠소!
이 동무는 우리 인민군 편이오!
단지 몸이 아파서 그때 나랑 같이
월북허지 못했을 뿐이랑께!

동무 좀 더
신중히
생각해보는
거이
어떠카서?

난 동무가
이시딴 일로
반동분자로
처형되는 걸
원티 않아.

동무!
동무는 나란 인간을
당에 그렇게 몰라!
나가 생쥐 눈꼼만 헌
인정 땀세 이러고 있는 줄
아는 모양인디!

몰라도 참말로
한참 모르네잉!
동무 사상허고
나 사상허고 몽땅 보태도
이 김희중 동무 사상에
비허믄 새 발의 피여!
조족지혈이여!

혁명의 선구자라….

똥다! 일단
잡아 매라우!

아따 당에 나 말을 못 알아
들었구마잉! 인민군이 인민군
뭉끄는 법이 어디 있당가!

자, 대충
써보시오 잉.

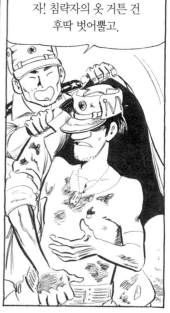

자! 침략자의 옷 거튼 건
후딱 벗어뿔고.

참말로 반갑구마이라.

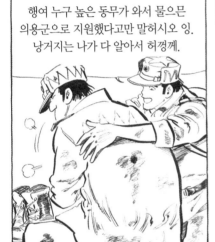

행여 누구 높은 동무가 와서 물으믄
의용군으로 지원했다고만 말허시오 잉.
낭거지는 나가 다 알아서 허껑께.

잠깐!

무기는 안 돼!

어째
암말도 없소?

나를 만난 거시
안 반갑소?

...

왜 월북한다고
미리 말하지 않았나?

그럴 여유가
없었구마이라.

자네를 만나고 싶었는데,
무척이나…

그러나 이렇게는
아니었어.

붓 대신 총을 든 자네 모습.

나를 만났기에 망정이지
강석이를 만났으면
어땠겠나?

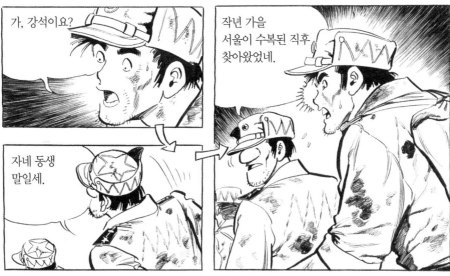

가, 강석이요?

자네 동생
말일세.

작년 가을
서울이 수복된 직후
찾아왔었네.

그… 그거시
참말인가요?
우… 우리 성이
월북을 해뿌렀단
말이요?

나, 나는 빨갱이
새끼들허고 싸울라고
집을 안 나왔소!
어무니가 울고불고 말리는디
띠내뿔고 입대허기 전에
성 한번 만나보까 하고
여기까지 왔는디….

근디 서, 성이 빨갱이가 돼서
38선을 넘어가뿌렀다니…
세상에 이런 일이 어디 있다요!
이런 일이….

선상님들은 대체 뭘 허고
계셨는가라우?
우리 성 한나 말리지 못하고
뭘 허고 계셨난 말이요.

아무 말도 해줄 수가 없었네.
한 선생님 역시….

….

지금쯤 어디선가 싸우고 있겠지.
좀 아까 내가 벗어던진 옷을 입고….

우, 우리
부모님 소식은?

모르겠네. 그때까진
무사하다고
들었네만….

김혜린 동무는
어찌 됐소?

미쳤네.

미, 미치다니?!

적이다!
동쪽으로
냅다 뛰라!

타 타 타 타 타 타

욱!

쌍! 어드레 된 거이야!

엎드리라!

타 타 타 타 타

따콩 따콩 뚜룩룩

인간지사 새옹지마라고 했던가?
불과 반나절 사이에
입장이 바뀌어
이번엔 우리가
포위되는 신세가 되었다.

간나 새끼들!
이제야 한숨
돌리갔구만!

선배님!
총알 좀
넣어주시오 잉!

뭘 허고 있다요?

시를 쓰고 있네.

이 와중에
시상이
떠오르요?

한번
들어볼 텐가?

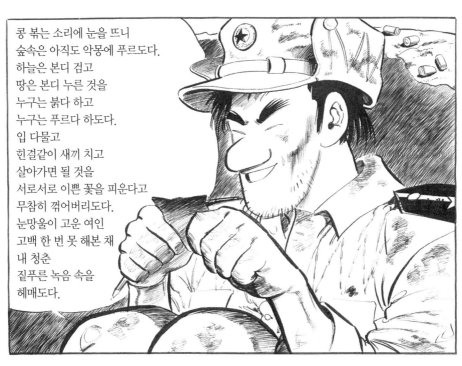

콩 볶는 소리에 눈을 뜨니
숲속은 아직도 악몽에 푸르도다.
하늘은 본디 검고
땅은 본디 누른 것을
누구는 붉다 하고
누구는 푸르다 하도다.
입 다물고
흰결같이 새끼 치고
살아가면 될 것을
서로서로 이쁜 꽃을 피운다고
무참히 꺾어버리도다.
눈망울이 고운 여인
고백 한 번 못 해본 채
내 청춘
짙푸른 녹음 속을
헤매도다.

순간 나도 모르게 느닷없이 떠오르는
생각이 있었다.

선배님헌테도
사랑허는 여인이 있었소?

그 여인이 누구요?
행여 김혜린 동무 아니오?

ㅎㅎㅎ~

자네의 직관도
꽤 날카로워졌군.
아무도 모르고 있는 줄만
알았는데….

몰르고 있었지요 잉. 그런디 왜
고백 안 했다요? 지식이나 인격이나
뭘로 보나 선배님이 동수 선배보다는
한 수 위 아닌가요?

하하하~

사랑이란 것도 부질없는
짓이야. 이 전쟁만큼이나.

내가 왜 시를 쓰는지 아나?
그것도
이런 전쟁터에 와서…?

도피하기 위해서일세.
난 혁명의 선구자가 되느니
도피의 선구자가 되고 싶네.

자학하지 말더라고요.
도피헌다는 분이 무슨 맘으로
전쟁에 뛰어들었당가요?

그것 자체가 도피였지.
아녀자와 노약자들 틈에
있는 것보다는
마음이 편했으니까.

왜 나는 인민군이 아니라고
나서지 못하는 겁니까?

저자들이
믿어주지 않을까봐?

어느 곳에 간다 한들
저 하늘 아래 있기는 매한가지….

난 자네와
함께 있고 싶네.

우욱!

콜록!

콜록!

혹시
폐병쟁이
아니야?

한여름에 웬 기침이야?

선배님,

몸도 편허지
않은 것 같은디 늦기 전에
선배님 편으로
돌아가뿌시오. 필요허믄
나가 저놈들한테
증언할랑께…

네 걱정이나 해.

대체 뭣 땀새
그러요?
느닷없이
공산당이 된 거요?
아니믄
나헌테 대한
의리 땜세 그러요?

유치한 소리 그만해.

난 빨갱이도 파랭이도 아니야.
그저 있고 싶은 데 있는 거야.

그렇게 고집부리지 말고
신간 편헌 쪽에 가 있으란 말이오.
사서 포로 신세 될 이유가 뭐 있소?
일렬로 세워놓고 쏴 갈려뿔지나 않으믄
다행이고, 잘돼봐야 돼지우리 거튼 데서
짐성 취급 당헐 것이 뻔헌디…

그래도
사람을 죽이지는
않아도 되잖아.

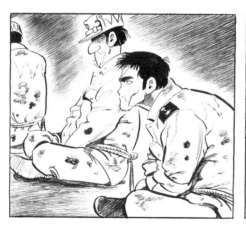

여기서 재울 모양이구면.
밥도 안 주고….

그래도 자네들처럼 쏴 죽이지는 않을 걸세.

그만둡시다, 선배님.

어느 편이 더 악랄하느니 어느 편이 더 신사적이니 허는 시시껄절한 얘기, 오십보백보 아니오.

그래. 자네나 내가 겪어봤댔자 이 전쟁의 극히 작은 한 부분을 겪어본 것뿐이니까.

그것보다 김혜린 동무가 미쳐뿔다니 그거시 뭔 말이요?

참 그 얘기를 하다 말았군.

나도 그때
상황에 대해서는
자세히 알지 못하네.
다만 동수에게 전해 들은
바에 의하면…

그래서 죽었단 말인가요?

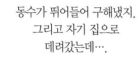

동수가 뛰어들어 구해냈지.
그리고 자기 집으로
데려갔는데….

지금쯤 결혼을 했는지도 모르겠군.
깨어난 후에도 줄곧 제정신이
아니라고
하던데….

선배님은
그 책임이 전부
공산주의에
있다고 보요?

왜 그렇게
민감한 반응을
보이지?
난 아무 소리도
안 했는데….

도둑 제 발
저링께 그러요.

솔직하군.

근디 생각해보시오.
결과만 놓고 보지 말고
그 원인을 생각해보란
말입니다.

미안헌 얘기긴
허지만 김혜린
동무헌테도
잘못이 있소.
그만헌 의식을
가진 여자가…

진작 자기 집 재산을
나눠줘뿌렸으믄
그런 비극은
당허지 안으꺼 아닌가
이 말이오.

거제 포로수용소

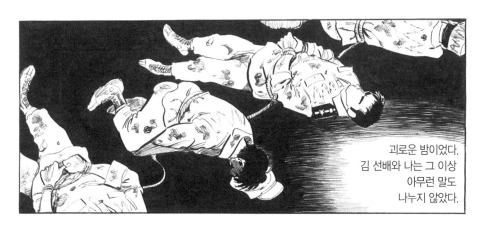

괴로운 밤이었다.
김 선배와 나는 그 이상
아무런 말도
나누지 않았다.

다음 날 아침
우리는 미군 트럭에 실려
어디론가 실려갔다.

어제의 둥근 해가 어제의 절망처럼
오늘의 아침 하늘을
처참히 불태우고 있었다.

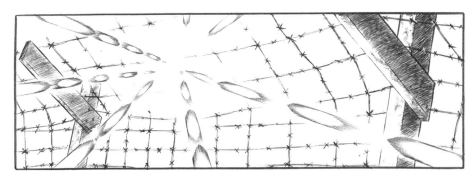

하늘 한번 ×나게 푸르군.

봄은 오는디 혁명의 소식은 깜깜이고….

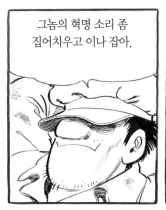

그놈의 혁명 소리 좀 집어치우고 이나 잡아.

이 잡기 좋은 날이야. 안 그래? 햇볕도 따사롭고.

그렇지 않아도 그럴 참이었구마이라.

이래저래 피로 물드는군.
그림을 그려야 할 손이….

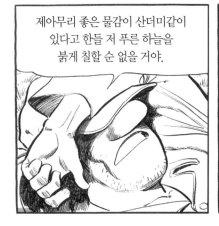

제아무리 좋은 물감이 산더미같이
있다고 한들 저 푸른 하늘을
붉게 칠할 순 없을 거야.

빗대이 약허지
마시오 잉, 선배님은
노을에 물든 하늘도
못 보셨소?
종국은 삼천리
방방곡곡이
붉은 깃발로 뒤덮이고
말 거구마이라.

408

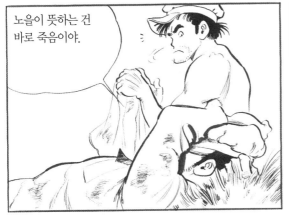

노을이 뜻하는 건 바로 죽음이야.

선배님은 회의주의자가 아니고 패배주의자요. 쓰잘데기 없는 넋두릴랑 둬두고 나맹크롬 씨래미나 잡으시오 잉.

어차피 썩어가는 몸일세. 마음대로 뜯어 먹으라지.

근지럽지도 않소?

희망을 잃으면 감각도 잃기 마련이지.

이봐,
남조선 보초 동무!

소장 동무한테
소독약을 쳐주라고 헌 것이
언젠디!
대체 쳐준당가요,
안 쳐준당가요?

소독약?

글쎄… 소장님께서
제네바에 문의를 했는데
아직 답을
못 받으신 모양이지.

뭣!

하하하… 그러니까 자꾸 제네바
협정을 들먹이지 말란 말이야.
씨도 안 먹히는 소리, 빨갱이들한테
뿌려줄 소독약이 지금 어디 있어.

아니 저 친구,
왜 저래?

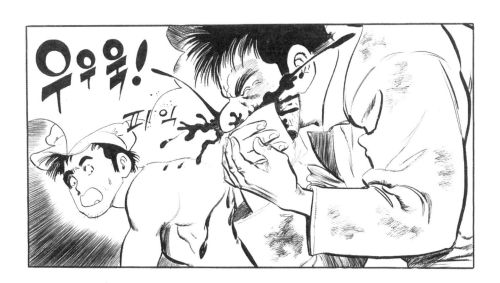

포로들은 어두워지기만 하면
소리 높여 군가를 불러댔다.

동무!

동무는 반동이네?
와 군가를 안 부르네?

이 에미나이 새끼!
날래 일어서서
대답하디 못하가서!

내게 뭘 원하시오?

일주일 전에
의용군으로 붙들려서 싸우다가
여기로 끌려온 몸이오.
내가 무슨 재주로
빨갱이 노래를 부르겠소.

모르면 배워라 민족의
반역자가 되기 던에!

일주일 동안 여유를 주마!
그때 가서도 우리들 군가를
부르디 못한다믄 샛바닥을
뽑아버릴 둘 알라!

414

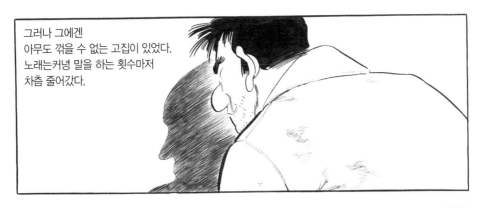

그러나 그에겐
아무도 꺾을 수 없는 고집이 있었다.
노래는커녕 말을 하는 횟수마저
차츰 줄어갔다.

그는 끝끝내 입 한번 벙긋하지
않았고 그로 인해 집단 구타를
당하기에 이르렀다.

그만!

그만들 두시오!
기신* 없는 인민을
여럿이서 째리는 것이
혁명 통일을 수행허는
인민들로서
헐 짓이다요?

*기신: '기운'의 전라도 사투리

이 새낀 또 뭐네!

타락한 인민의 적이
여기 또 있었군!

죽여버리라!

동무가 민주청년동맹 선전부 부장을 했었다는 거이 사실이가?

사실이구마이라.

와 진닥 말하디 않았네?

그럴 여유가 없었지요 잉.

오늘 있었던 일은 내가 사과하디. 앞으로 오희도 동무와 함께 나를 도와서 여기 수용된 인민군 교육에 힘써두길 부탁하가서…

에미나이 새애끼 최고 훈장을 받아봤자 무식한 놈은 별수 없어야.

내가 뭐라고
했는디 알가서?
동무야말로
진정한
혁명가요,
인민의
영웅이라고
했디.

문화선정성 부장 조일명 동무와
중앙당 정치위원 손병수 동무의
총애를 받는 자로서 평양에
돌아가게 되믄 높은 자리에 앉게 될
것이라고 말해 놨으니끼니 앞으로는
업신 여기디 못할 거이야.

평양… 과연
돌아갈 수 있을까?

있고말고.
미제 침략자 놈들이
아무리 잔인하다 해도
제네바 협정을
어기진 못할 거이야.

ㅎㅎㅎ….

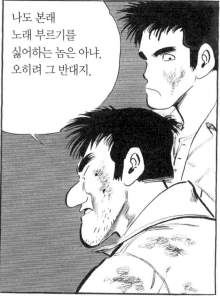

압록강 구비구비
피어린 자국

하지만 저건
노래가 아냐.

내가 보여줬던 달리의 그림
기억나지? 그때 하고 싶었던
말이 뭔지 아나?

모르겠는디요.

아직도 깨닫지
못했단 말인가?

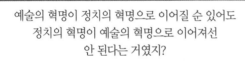

예술의 혁명이 정치의 혁명으로 이어질 순 있어도
정치의 혁명이 예술의 혁명으로 이어져선
안 된다는 거였지?

네가 서울에 남기고 간 그림
볼 기회가 있었어.

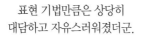

표현 기법만큼은 상당히
대담하고 자유스러워졌더군.

그러나 그 그림에서 자네가
주제의 포로가 되어 있다는 느낌을
강하게 받았지.

어떤가?
예술가에게 진정한 혁명이란
바로 그 사상이나
혁명 자체로부터도
자유스럽게 되어야 함을
말하는 게 아닐까?

즉, 절대 자유에의 추구 말일세.
난 달리의 그림에서
그 가능성을 보았네.
그래서 그걸 자네에게
보여주었던 걸세.

알쏭달쏭한 말이었다.
어쨌든 그날부터 김 선배는
노래는 부르지 않아도 되었고,
남들이 노래를 부르는 동안
겨우내 기침을 해대었다.

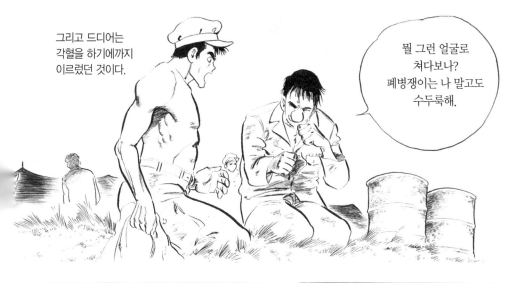

그리고 드디어는
각혈을 하기에까지
이르렀던 것이다.

뭘 그런 얼굴로
쳐다보나?
폐병쟁이는 나 말고도
수두룩해.

지옥에도
봄은 온다.
자연에는
섭리가 있고
생리가 있다.

그리고 인간들에게도 생리가 있다.

쉿!

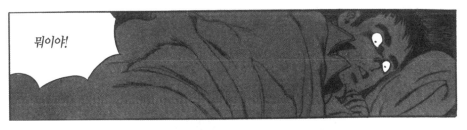

뭐이야!

이 새끼 보라!
너 지금
뭐하는 거가?

군관 동무는
그동안
실컷 재미 봤디 않소!

한순간에 모든 사태를
파악할 수 있었다.

그는 나이가 제일 어렸고,
얼굴이 곱상했기 때문에
으지 자지라고 놀림을 받았고,
생리와 본능의 탈을 쓴
추악한 악마의
재물이 되었다.

동무! 내게
반동하갔다는
거가?

반동 반동
하디 마시라요.
나도 남 못디않게
당을 위해
충성했수다래!

충성했으믄
계속 계속
충성해!

군관 동무!
군관 동무만
남자요?

이 새끼가
상관 알기를
개떡으로 아네?

칼을 왜 꺼내시오!
내 딴 데 가서
알아볼 거니끼닝
그만둡시다래!

이럴 때는 나는
인간이고 싶지 않았다.
모두들 잠자는 척
숨을 죽이고 있었다.

바로 그때….

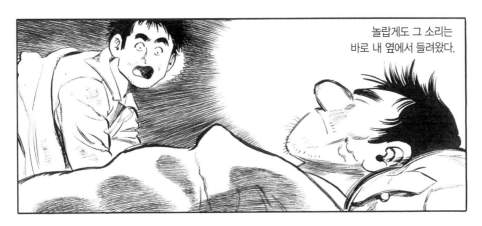

놀랍게도 그 소리는
바로 내 옆에서 들려왔다.

파충류도 양서류도
수컷끼린 붙지 않아!
이 지옥의 구더기 같은
인민들아!

그렇게도 못 참겠으면
똥간에 가서
용두질이나 하고들 와!

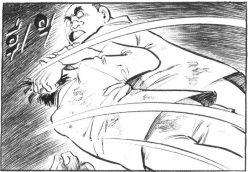

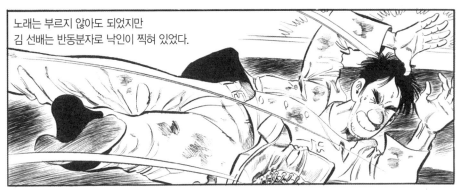

노래는 부르지 않아도 되었지만
김 선배는 반동분자로 낙인이 찍혀 있었다.

그런데 그의 인품과 지식 때문인지
언제부터인가 알게 모르게
그를 따르는 포로들이 하나둘
생겨나더니 그 수가 점점 불어갔다.

그러지 않아도 못마땅하게만 보던
최일풍은 이제나 저제나 트집 잡을 기회만
노리고 있던 중이었다.

이 타락한 민족의 반역자!
오늘은 기필코
네 장사를 치러주가서!

잠 좀 잡시다!

군관 동무
잘한 것 없수다.

추잡한 짓들 하지
말라우야!

인간의 품위를 지켜야디!

찬성이오!

빨갱이를 몰아내라!

남조선 만세!

우리 모두
전향합시다래!

수용소 내 폭력을
추방하자우야!

430

최일풍은 놀랐다.
나도 놀랐다.
반동분자의 수가
더 많으면 많았지
적지는 않았던 것이다.

일촉즉발의 순간이었다.
양쪽 포로들이 서로 눈을 번득이며
노려보고 있었다.

그…
그만들 해.

이 안에서까지 싸움질을 한다면
우, 우리 민족은… 가, 가망이 없어.
애국자건… 반역자건….

나 혼자…
당한… 것으로…
충분해….

432

그날 이후
군가를 부르지 않는 포로가
수백 명으로 늘어났다.

그들의 배신은
우리 측 포로들의
신념을 휘청거리게
흔들어놓았고, 절망과
분노에 휩싸이게
만들었다.

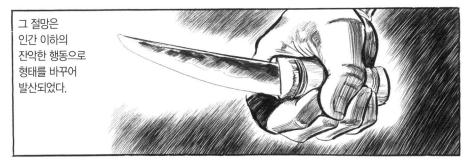

그 절망은
인간 이하의
잔악한 행동으로
형태를 바꾸어
발산되었다.

사소한 시비에도
칼부림이 일어났고,
툭 하면 사망자가 발생하였다.

급기야는 시체에도
보복을 가하기 시작했다.
참혹하게 난자되고 유린된 시체들은
쥐도 새도 모르게 버려졌다.
포로수용소는 차츰
인간 도살장으로 변해갔다.

김 선배님 조심허시오 잉.
최일풍 등등이 선배님을
노리고 있단
말이오.

목숨 같은 거
포기한 지 오래다.

너나 조심해.
나보다도 위험한 건
바로 너야.

김 선배님,

인간이라는 거시
참말로 이 정도
수준밖에
안 되는 건가요?

원래가 똥 속의 구더기 같은 거지. 그보다 낫다고 믿는 건 안 되는 건가요? 믿는 건 구역질 나는 자존심에 불과해….

이런 인간들이 어찌케 문화랑 역사를 창조할 수 있었는지….

역사 자체가 인간의 피와 살과 똥으로 이루어진 거니까….

근디 끝끝내 포기해서는 안 되는 거 아니오? 절망이 곧 타락이고 죄악 아니오?

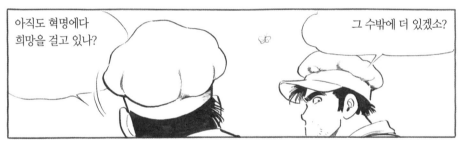

아직도 혁명에다 희망을 걸고 있나?

그 수밖에 더 있겠소?

부럽군.

이제 내 소원은 천사처럼 맑은 눈의
계집이나 한 번 만났으면
하는 것뿐이야.

그담엔?

그다음엔 나도 몰라.

강토. 만약에 말이지….

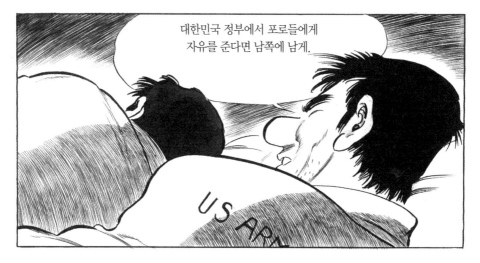

대한민국 정부에서 포로들에게
자유를 준다면 남쪽에 남게.

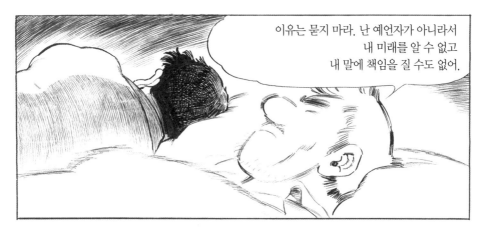

이유는 묻지 마라. 난 예언자가 아니라서
내 미래를 알 수 없고
내 말에 책임을 질 수도 없어.

그냥 그렇게 바랄 뿐이야.
그리고 나중에 시간이 나면
눈이 맑은 여자를 그려줘.

그 맑은 눈 속에
파란 하늘을 그리고
햇솜처럼
부드러운 구름도
그려줘.

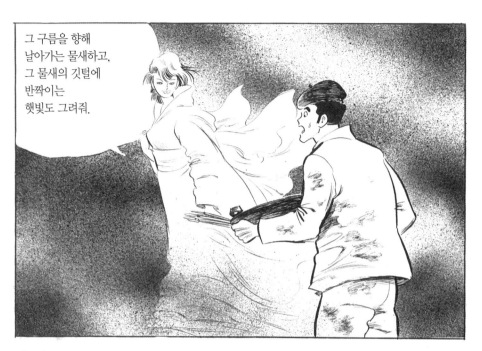

못 그려주겠다고?
이 추악한 빨갱이!

김 선배의 시체는
끝내 발견되지 않았다.

나는 더 이상 사물을 신임할 수
없었다. 내 넋조차도 신뢰할
수 없었다.

내 머리는
깡통처럼 비어갔다.

바람에 펄럭이는
너덜너덜한 옷자락을 보며
나는 허수아비를
생각했다.

삼득이의 친구였던 나!
느티나무가 있는 언덕에 올라
먼 하늘을 바라보던 나!

일본인 소녀 야스코를
사랑했던 나!
청춘의 꿈을 품고
화가에의 정열을
불태우던 나!

벅찬 혁명 의식 속에서
허구한 밤을 지새우던 나!
위대한 인민공화국을 건설하기 위하여
미친 듯이 따발총을 쏘아대던 나!

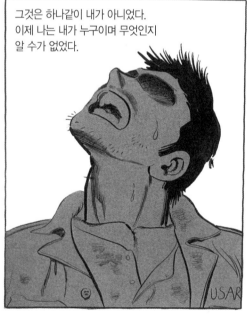

그것은 하나같이 내가 아니었다.
이제 나는 내가 누구이며 무엇인지
알 수가 없었다.

이강토 동무!

뭐 하고 있네?
하찮은 감상에 빠져
있을 때가 아니디 않아.

저기를 보라. 지금 우리
애국자들과 반동분자들 간에
대판 패싸움이 붙었어.

아닌 게 아니라
이덴 끝당을
볼 때도 됐디.

김희중 동무 일은
정말 안됐어.

자업자득이야.
이렇게 될 줄
너도 예측하고 있었겠디?

잊어버리라. 의리도 좋다만 자네까지 반동으로 몰릴 수가 있어.

힘을 내라. 무사히 송환만 되믄 우린 모두 영웅이 되는 기야.

녀석은 계속 선심을 베푸는 척 해왔다. 그 속을 나는 훤히 들여다보고 있었다. 녀석은 손미숙과 결혼하는 모습을 내게 보여주고만 싶었던 것이다.

손미숙에 대한 녀석의 일념, 그것은 사랑이기보다는 광기에 가까웠고, 그 광기로 인해 녀석은 이 지옥 속에서도 남달리 튼튼하게 버티어낼 수 있었다.

나는 몇 번이나 진실을 폭로할 뻔했으나 그때마다 가까스로 그 충동을 참아냈다. 그러나 이제는 더 이상 참아야 할 이유가 없었다.

왜 그러네?
동무 미쳤네!

이 머저리 꼭두각시야!
속는 거에도
한도가 있어야지!

손미숙이가
너를 기다리고 있다고?
이 불쌍한 에미나이야!

손미숙인 내 애를 배었다.
이 병신아!
지금쯤은 세상에 나와
벌써 한 돌이 되었을 걸….

446

네놈이… 네놈이….
김희중이 새끼처럼 토막이 나고
싶다 이거디!

오냐! 네 소원대로 해주가서!
이 육시랄 놈아!

US ARMY

수용소 내에서 싸움은 하지 말랬잖아!

수용소 내의 모든 인민군 의용군 포로에게 전달한다!
이승만 대통령 각하께서 모든 반공 애국 동포를
북한으로 송환할 수 없다고 강력히 주장해오시던 바
드디어 포로 석방을 단행하기로 용단을 내리셨다!
지금부터 곧 포로 심사가 있을 예정이니
그 무엇에 구애됨 없이 본인의 자유의사를 밝히기 바란다.

전혀 예측하지
못했던 일이었다.
퍼뜩 김 선배의 말이
뇌리를 스쳐갔다.

한 사람씩
포로 심사장으로 들어갔고,
이윽고 내 차례가 되었다.

이제 남과 북 둘 중 하나를
선택해야 한다.
제3의 선택은 없다.

뭘 하고 있소.
어서 의사를 밝히시오.

갑자기 눈앞이 캄캄해지고
아무것도 보이지 않았다.
말을 한다는 게
불가능하게만 여겨졌다.

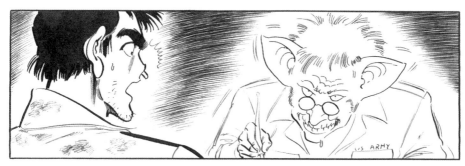

그들은 자꾸 대답을 재촉했다.

그들의 얼굴이 쟁반만 하게
보이는가 싶더니,

까마득히 먼 곳으로
사라져버렸다.

지나간 일은 모두 추억이 된다.
누가 아니라고 해도 그렇다.
정말이다.
즐거운 일도 괴로운 일도 추억이 된다.

그러나 나의 과거만은
추억이 되지
않을는지도 모른다.

그것은 너무나 참혹하고 너무나 생생해서
결코 추억이란 이름으로 위장되어
묻히기를 거부하는지도 모른다.

동료들 눈치 볼 것 없고
우리들 눈치도 볼 필요 없소.
본인의 의사만 말하면 됩니다.

나는 하나님의 말씀을
전하는 사람입니다.
하나님을
믿어본 적이
계신지요?

순간 귀가
번쩍했다.
하나님!
왜 이제야
나타났단
말인가!

그러나 곧이어
더 큰 절망이
엄습하여왔다.
판에 박은 소리만
지껄이는
자식들…

저헌테는 선배가 한 분
있었고, 그는 간혹
이렇게 말했지요.
신은 죽었다고….

그 선배도
죽었습니다.
예수님보다 더 참혹허게
톱박이 나서 죽었소.
나헌테
손모가지 한쪽 남기고….

한마디 묻겠는디요, 동무가 말하는 그 하나님은 시방 북에 있소? 남에 있소?

하나님은 어디에나 계십니다.

그럴 줄 알았소. 당신네들은 그렇게 말고는 이야기할 줄 모르는 족속들이제. 그런 대답엔 구역질이 날 뿐이란 말이오.

담배나 있으면 한 대 주고 가시오.

….

구역질 나는 건 나 역시 마찬가지요.

이 피비린내 나는 전쟁 속에서 누가 무슨 믿음을 그대로 유지할 수 있겠소! 나 역시 내 말에 대한 확신도 없이 그저 되는 대로 지껄이고 있을 뿐이오.

말하자면
난 목사 될 자격이
없는 사람이오.
목사는 결코
이런 얘기를 해선
아니되오.

나보다는 오히려
동무가 더
신념과 양심에
따라
행동해온 것
같은데….

모르겠소.
난 단지
두려울 뿐이랑께~
모든 것이….
나 자신까지도….

난 언제나 이곳보다는
북녘 땅에 하나님 말씀을
전해야 함을 절감해왔소.
그러나 내겐 그렇게 할
용기조차 없었소.

만약 동무에게
용기가 남아 있다면
남쪽에 남기를 권하고 싶소.
북한엔 동무 말고도
혁명을 성취할 사람들이 많으니까.
여기 남쪽에 남아
혁명운동을 계속하는 게
옳은 일 아니오?

460

ㅎㅎㅎ~
엉터리 목사님!
그런 궤변으로
어린아이 꼬시듯
할 작정이오?

남조선에서
혁명을 하라니?
진즉부터 나 뒤진 꼴이
선허요.

죽음이
두렵소?

하무이라~
사는 건
더 두렵지만….

만약 당신이 남로당 간부였다면
죽더라도 남한에서 죽으시오.
동지들 손에 죽느니
적의 손에 죽는 게 즐겁지 않겠소?
이건 내 말이 아니라 하나님 말씀이오.

자… 잠깐!

동지들 손에 죽다니
그것이
뭔 말이오?

남로당파 수뇌들은 모두 숙청되었소.
박헌영, 주영하, 장시철 할 것 없이 모두
당에서 제명·추방되었고 임화, 김남천 등
월북 문학가들도 검거·체포되었다는 소식들이
속속 전해지고 있습니다.

그… 그러믄
손병수는?

남로당파라면
남로당파 숙청
벌써 작년

제 기억엔 없는 이름이지만
무사하진 못했겠죠.
작업이 시작된 게
가을, 반년도
넘었다니….

거짓말 마시오.
아무리 권력 투쟁이
더럽고 살벌하다 하지만
그 많은 혁명 동지를
어떻게 하루아침에
숙청할 수 있단
말입니까?

저는 거짓말할
용기도 없는
사람입니다.

덜컹

덜컹

하… 하나님….

도… 동무….

여… 여보!
어딜 가세요? 이 밤중에….

지금 놈들이 당내에서 우리 일파를
반란·반국가적 파괴 분자로 덮어씌워
제거하려는 움직임을 보이고 있소.

오늘밤 김광수,
권오직 위원 등을 만나서
그에 대한 대책을
논의하기로 하였소.

만약을 대비하여
떠날 준비를
해두시오.

떠… 떠나다니요?
어디로?

설마 남조선에…!

안 돼요! 그럴 수는 없어요!
어떤 변을 당할지
빤연히 알면서…

저도 갈 수 없어요. 꼭 가야 하시더라도
저만은 두고 가셔요.

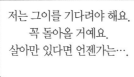

저는 그이를 기다려야 해요.
꼭 돌아올 거예요.
살아만 있다면 언젠가는…

너도 가야 해!
강토를 만날 확률도
남조선이 더 높다.

그럴 리 없어요!
그럴 리가…

468

너무 걱정 말고
기다리거라.
다녀와서
다시 얘기하자.

조심하세요.

그날 밤 오빠는
돌아오시지 않았어요.
또 그다음 날에도….

계십니까?

드르르르

어서 나오십시오!
짚차를 대기시켜
놓았습니다!

오… 오빠는?

벌써 황해도에 가 계십니다.
빨리 떠나야만 합니다.

죄송합니다. 정말 면목이 없습니다.
선생님께선 오늘 아침 체포되셨습니다.
체포되시기 직전 저에게 가족들과 함께
월남하라는 부탁을 남기셨습니다.

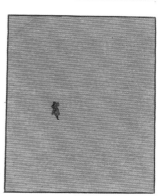

애… 애기는?

아들이에요.
당신을 빼어 박은 듯
꼭 닮았어요.
이제는 말도 해요.

잠깐만요.
우리 저기 좀 들렀다 가요.

다시 서울로
돌아온 이래
예배당엘
다니고 있어요.

당신을 만나게
해달라고 매일매일
기도했어요.

정말 이렇게
만나게 될 줄은
꿈에도 몰랐어요.
혹시 혹시 해서
나가봤을 뿐인데….

우리 같이
기도해요.

괜찮아요.
어서 들어와요.

동무 혼자
들어갔다
나오시오.

동무 가족들이 몰살당한 것이
하나님 은혜란 말이오?

어색해서 그러세요?
그래도 우리가 이렇게
주님의 은혜로 인해 만났으니
감사 기도를 올려야죠.

'동무, 동무'
하지 마세요.
빨갱이로 몰려
손가락질 받아요.

네가 아들이었다는 소릴 들었을 때,
네가 무사하다는 말을 들었을 때
기뻤다.
내 가슴은 꿈틀했다.

그러나 곧이어 가슴속 하나 가득
무거운 납덩이가 채워지는 듯한
고통을 느꼈다.

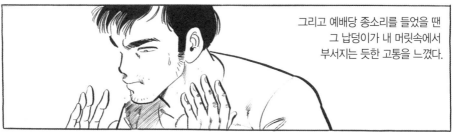

그리고 예배당 종소리를 들었을 땐
그 납덩이가 내 머릿속에서
부서지는 듯한 고통을 느꼈다.

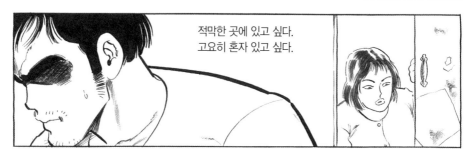

적막한 곳에 있고 싶다.
고요히 혼자 있고 싶다.

어머!
우리 왕자님
언제 깨셨어?

뚝! 뚝!
엄마랑 같이
맘마
먹어야지.

여자란 참으로 편리한 존재다.
혁명을 하나 안 하나
마찬가지다.

새대가리, 암탉, 젖소,
여우, 거머리,
맹목적인 모성애 본능…,
그 끈적끈적한 액체, 피….
아아~ 이제
본능이란 낱말만
생각해도
구역질 난다.

쯔쯔쯔~
언제까지나 저렇게
죽치고 앉아 있을 작정이래?

쉬잇, 듣겠어요.

내가 뭐~
틀린 말 했어?

처자식 생각을
해야지. 허구한 날
저렇게 제 생각만
갉아먹고 앉았으면
뭘 하누~
벌써 한 달이 넘지
않았어, 한 달이….

수용소에서 받은
충격이 커서 그래요.
이제 곧 정신만 차리면
예전처럼 활기를
되찾을 거예요.

아무쪼록 그래야지.
밤잠 못 자고 날뛰어도
입에 풀칠하기 힘든
세상인데….

자! 우리 같이
이 서방을 위해
기도하자꾸나….

천지만물을 창조하사
전지전능하시고
은혜로우신 주여,
제 갈 길을 못 찾고 헤매는
어린 양을 불쌍히 여기고
버리지 마옵소서─

클 태(太), 기둥 주(株),
손병수가 지어준
내 아들의 이름은
'태주'였다.

손미숙 – 이상한 장난에 의해 내 여자가 된 여자.
이태주 – 죄악의 씨앗.
이강토 – 괴로운 허수아비….

계십니까?

아무도 안 계십니까?

누구신교?

말씀 좀
여쭙겠는디요 잉~
이 집에 혹
한윤섭이란 분
안 살고 계신게라오?

젊은이 누구신교?

한 선생님의
제잡니다.

이보레이~ 니 제자가 왔데이~

강토!

그냥 누워 계십시오.

괜찮네! 왼쪽 팔다리가 남의 것 같긴 하네만.

반갑군! 다시 못 보는 줄 알았는데….

인사하지. 내 친구일세.

반갑소. 나 김종국이오.

처음 뵙겠습니다.

동양화 그리는 환쟁인데 내가 중풍으로 쓰러졌을 때부터 줄곧 내 식객이 되어 있지.

식객이라니! 마누라 겸 간호원 보고….

동수 선배님은?

고향에 가 있네. 중단했던 공부를
하고 있어 제수씨가 뒷바라지 하느라
고생이 심할 걸세.

제수씨라믄…
김혜린 동무
말씀인가요?

동무락꼬?
빨갱이 제자
아이가~

조심하래이~ 여기는
평양이 아니고 서울 아이가~
세상이 바뀐 걸 알아야제…

그래! 동수는 혜린이와
결혼을 했지. 지금 국민학교
교사로 재직 중일세.

자넨 지금
어디서 지내나?

갈 곳이 없으면
다시 여기 와서
지내도록 하게!

자네가 쓰던 방은
벽이 다
허물어졌네만….

고맙습니다만
선생님도
편찮으신다….

이 친구야!
그러니까네 니가 와서
돌봐줘야 안 하나?

일자리를
구할 수가 없었다.

나는 돈을 벌기 위한
아무런 수단이 없었으며

그런 방면으론 무척이나
주변머리가 없었다.

그럼 하루 두 끼만
먹어도 좋습니더.
무슨 일이건
시켜만
주이소.

어서 꺼지지 못해!
거저 해준대도
필요가 없어!

조운하! 운용구! 예!

예!

좋소! 그럼
일들 시작하시오!

저… 선상님!

한 사람
더 쓰믄
안 되겠소?

딴 데 가서
알아보시오!

참으로 신기한 일이었다.
그렇게 수많은 사람이
살아 있다는 건
무언가 먹고 있다는
얘기 아닌가!

색시!
쌀 떨어졌제?

아니에요.
방금 외삼촌댁에서 보리쌀
두 말 빌려 왔어요.

배가 고프다는 것-

앙~
앙~

그보다 더욱 참기 힘든 것은
갈증이었다.
정체를 알 수 없는
갈증….

어디 가셔요?

바람 쐬러….

아무나 붙잡고
밤새도록 속 시원히
얘기하고 싶었다.

꾸궤
엑엑엑

송탄 오산 병점
11K OSAN 7.2k

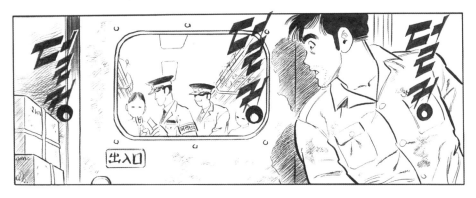

인생이란 거
정말 이렇게 어이없는 것인 줄
미처 몰랐어요.

아이들에겐
뭘 가르치고 있는 줄 아세요?
반공 사상이죠.
민주주의 말예요.

우습죠? 자본주의도 민주주의고,
공산주의도 민주주의라니….

496

아버지가 그렇게
돌아가셨을 땐
정말 미치는 줄 알았어요.
공산당이 그렇게 잔악하고
비열한 집단인 줄 몰랐던 게
너무나 억울했어요.

아버지 말고도
그렇게 돌아가신 분이
얼마나 많겠어요?
그러니까 전
간접적으로
죄를 진 셈이죠.

저는 속죄하는 기분으로
아이들을 열심히
가르치려 하고 있어요.
그 애들에게
우리가 겪었던 비극을
다시 겪게 해주어선
안 될 테니까요….

동무가 그렇게
변했다니
안 믿어지요.

그럼 강토 씬
아직도….

피아간에
많은 희생이 있었던 게
사실이오! 그런디 그것은
어디까지나 인간 잘못이지
사상 잘못은 아니지 않소?

난 우리가 배우고
실천할라고 허든 이론이
잘못되었다고는
생각하지 않는 구마이라.
잘못된 것은 쥐뿔도 모르고
날뛰댕긴 꼭두각시들
때문이었지라~

다시 말하믄
정신과 마음의
혁명이
달성되기도 전에
역사의 흐름을
바꿀라고 했다는 것에
문제가 있다 이거요.

혁명 얘긴
그만하고 싶어요.
어쨌건 그건
잘못된
생각이었어요.

잘못이 아니오.
우리가 너무 흥분했고,
너무 성급했던 것은
틀림없구마이라.
그런디 과거의 실패를
거울삼아 냉정하게 차근차근
해나간다믄 우리의 사상은
언젠가 이 땅에 뿌리를
내리게 될 것이오.

보세요! 또 흥분하고
계시잖아요.

전 이제 관심 없어요!
혁명도 전쟁도 이 땅에서 되풀이되지
않기만을 바랄 뿐예요.

어서 가요. 저기 보이는
저 집이어요.

동수 선배님 생각도
그런가요?

그래요! 그분…
내년엔 반드시
법관이 될 거예요.

그만한 능력이
있는 사람이니까요.

이 사회는 능력 있는 사람이 성공하고 노력하는 사람이 성공하는 사회가 될 거예요.

똑같이 나눈다는 건 어딘가 불공평하지 않아요?

계시시오! 난 그만 가봐야겠구마이라~

무슨 말씀예요?! 여기까지 와서….

선배님한테 안부나 전해주시오. 담에 또 오겠다고.

나는 김혜린을 이해할 수 있었다. 그리고 이해한다는 것이 참을 수 없도록 뼈저린 고독이라는 것을 처음 알았다.

이제 저 하늘 아래 진정한 민주주의자, 진정한 사회주의자는 하나밖에 남지 않은 것이다.

나는
혁명의 선구자가 되느니
도피의 선구자가
되고 싶네.

한 선생님께서
잠깐 와보시래요.

여보!

미안하네—

스승이랍시고 뭐 하나
제대로 가르쳐주지
못하고….

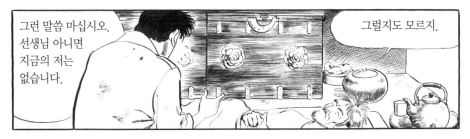

그런 말씀 마십시오.
선생님 아니면
지금의 저는
없습니다.

그럴지도 모르지.

하지만 요즘
후회하는 것
같아서….

그럴 리가 있겠습니까?

그래! 자넨 후회하는
성격이 아니었어.

자네와 난
비슷한 생각을
품고 있었지.
자네는 행동파였고
나는 방관자라는 점에서
다르긴 했지만….

다시 그 행동을
보여줄 순 없겠나?

그림을 그리게!
저 벽장 속에 보면
내가 쓰던 물감이
그대로 있을 걸세.

화가가 붓을 놓는다는 것은
무사가 칼을 놓는다는 것과
같고,
중이 부처를 버린다는 것과도
같네.

그림을 그리지 않는 화가란
살아 있는 시체에 지나지 않아!

김 선생에게선
별다른 말 없던가?

예!

그 친구 자네 일자리
구해주겠다고
큰소리치더니만….

살아 있는 시체,
그것은 한 선생 자신의
고통에 대한
호소였다.

나는 이해할 수 있다.
진정코 이해할 수 있다.
나 또한 살아 있는
시체이므로….

와라! 고통이여! 너는 나의 신이다!
나는 모든 걸 다 겪었다!
나는 너를 힘차게 껴안아주겠다!

그러나 낙동강 전선의
그 참호 속에서
죽음 직전에 보았던
짙푸른 하늘은
그릴 수가 없었다.

그것은 신의 영역인 것이었다.
인간이 만들어낸
이따위 조잡한 물감으로
그 푸른 빛깔을 만들어낼 수
없는 것이다.

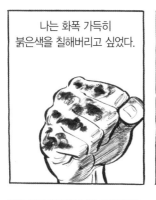

나는 화폭 가득히
붉은색을 칠해버리고 싶었다.

김희중 선배의 손목만
어른어른거렸고,

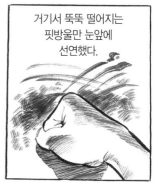

거기서 뚝뚝 떨어지는
핏방울만 눈앞에
선연했다.

누가 말했던가!
고통에는 끝이 있으나
공포에는 끝이 없다고….

너무 서두르지 마세요.

어려운 그림은 차츰 그리시기로 하고
우리 태주 얼굴
예쁘게 하나 그려주는 게 어때요?

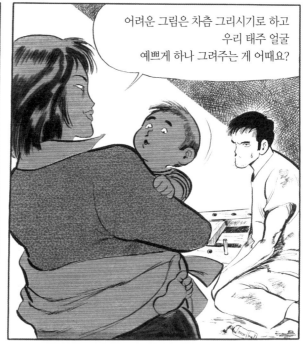

어때?

우… 우리
태주가 이렇게….

무서웠다.
그림을 그린다는 행위가 무서웠고,
그 대상도 무섭기만 했다.

당신….

그렇게 동정하듯이
쳐다보지 마!

당신도 저를 동정하고 계시잖아요.

비로소 우리는 상대방을
이해할 수 있었다.
그리고 동정심이야말로
인간에게 있어서
가장 순수한 사랑의
감정일 수도 있다는 것을….

드르륵

노크 좀 허고 살그라~

으핫핫 핫핫핫

자네 뺑끼(페인트) 한번 칠해볼라나? 임시로 말야, 임시….

명일칠간판

환쟁이나 칠쟁이나 그게 그거지. 안 그런가? 밥 먹기 힘든 세상인데….

시켜만 주십시오.

월급은 많이 못 주네.
나 혼자 북 치고 장구 치고
춤까지 춰야
먹을 게 나오는 일인데,
보다시피 손모가지가
이 모양이라서….

어쩌다 그렇게
되셨어요?

총알 한 방 맞고
잘라버렸지.

자네 혹시 빨갱이 짓은
안 했겠지?

그… 그럴 리가
있겠습니까?

나는 열심히 일했고 열심히 칠했다.
내 심장을 칠해버리듯이
내 마음과 내 정신을 두껍게 두껍게 칠해
보이지 않게 하고 싶었다.

육체의 피로는 때로
정신의 고통을
잊게 해준다.

마치 그 옛날
농사짓던 시절과 같은
생활이었다.

자네 인복이 있는
모양이야!

예?

자네가 오고 나서 일감이
부쩍 늘었기에 하는 말일세.

요 앞에 국민학교 알지?

애들 그네를 만들 모양인데…
두 번 칠해야 하니까
오늘 우선 빨간 놈으로
한 겹 칠해주고 오게!

태양….

빨강….

시체….

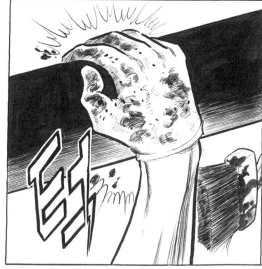

압록강아 잘있거라
우리는 전진 한다

이강토 씨 되십니까?

죄송하지만 같이 좀
가주셔야겠습니다.

아시다시피 우리 대한민국은 자유민주주의 국가입니다. 우리 법은 지난번 석방된 반공 포로에 대하여 일체 과거를 묻지 않고 다른 국민들과 똑같이 부여된 자유와 권리를 침해하지 못하도록 되어 있습니다.

다만 저희들 직무상 몇 가지 확실히 알아둘 일이 있어서 모셨으니 불쾌히 생각지 마십시오.

거주지를 옮기셨더군요.

예!

평양에서 민주청년동맹의 선전부장을 하셨고.

그렇습니다만.

월북은 자진해서 했습니까?

중요한 건 지금
내가 여기 있다는 사실
아닌가요?

손미숙 씨하고는
어떤 관계입니까?

부부입니다.

그래요?

곧 결혼식을 올릴
계획입니다.

그럼 손병수 씨는?

저의 처남입니다.

중앙당 정치위원이었던
손병수 말입니다.

도와주셔서 감사합니다.
돌아가셔도 좋습니다.

손병수 씨가
어찌케
되셨습니까?

말씀해주십시오!
검거되었다는 얘기까진
아내로부터
들었는디….

지난 8월
평양 최고 재판소 특별 군사 법정에서
공개 재판을 받았습니다.
열한 명의 다른 남로당파 피고들과
함께 조선민주주의인민공화국 정권을
전복하려는 음모와 반국가적 스파이,
테러 및 선동 행위를
자행했다는 죄목으로
기소되었답니다.

그래서요?

그래서라니요?
그들은 모두
자신의
범죄 사실을
자백했습니다.
물론 조작된
거겠지만…

선생의 처남 역시
자신이 미 제국주의의 스파이였다고 자백했고,
결국 다른 열 명의 피고들과 함께
사형 판결을 받았습니다.

사…사형!

우리 대한민국 국민이 된 걸
다행으로 여기십시오.
북으로 돌아갔으면 선생 역시
그런 꼴이 되었을 겁니다.

그 사람,
자네 먼 친척이라고
말했지만
난 한눈에
알아봤지.

죄송합니다.
급한 볼일이
있어서….

처음부터
약간 수상하다고 느꼈네만
자네 역시 빨갱이었어.
안 그런가?

자네 인품으로 보아
비열한 범죄를
저지를 리는 만무하고….

저거… 그동안 일한 몫일세.
다시는 내 눈앞에
나타나지 말게!

이렇게 좋은 말로 보내는 것도
다 자네 성품이 착하고
그동안 일을 잘해주었기 때문일세.

하지만 제 아무리
성인군자라 해도
내 눈에 흙이 들어가기 전엔
빨갱이하고 같이
일할 수 없어.

526

성님….

나는 성님처럼 자신의 목표를 향하여
과묵하고 담대하게 나아가는 사람을 본 적이 없소.

그런데 어쩌다 그렇게
정치의 제물이
되고 말았소?

성님! 이제
우리가 설 땅은
어디에 있단 말이오?

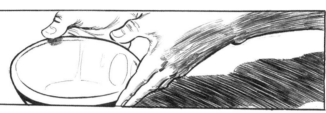

도대체 우리가
무슨 잘못을 했소?
이 나라와 이 민족을 위해
투쟁하려던 것밖에
더 있소?

그렇소!
성님이나 나나
빨갱이였고,
빨갱이가 뭐
어쨌단 말이오!

김일성이가 나쁜 놈이지
마르크스가 뭐 잘못했다고
그러는 거요?

우리 대한민국은
세계 제일의
반공 국가입니다!

선생 같으신 분이
반공의 대열에 앞장서서
민주국가를
이룩해나가야 합니다!

아니오! 난 끝끝내
빨갱이로 남을 거요!
내 자존심마저 내버린다면
내 삶에 무슨 의미가 있겠소?

나는
회의주의자야!

그게 뭔데요?

자본주의자보다 높고
공산주의자보다도
더 높은 거지!

선배님!
당신의 꿈은 도대체
무엇이었소?

이렇게 되는 게
제 팔자였어요.
그렇죠?

그렇게 생각허믄
그렇겠지.

그렇게 생각 안 하면요?

나가 뭘 알겠소? 신이 인간에게
입을 준 건 묵으라고 준 것이고,
남녀를 구별하여준 것은
사랑하라고 준 거 아니겠소?

어쩜 많이 변하셨네요.
순진하던
양반이….

변한 거시 아니라
취한 것이오.

호호호~
그럼 저를
안아볼 용기도
있으시겠네요!

뭐 용기까지
필요하겠소.

전 그런
용기가 없어요.

저는 야스코를
친동생처럼 여겼어요.
언니가 되기엔
부끄러운 여자지만요.

이런 신세가 된 주제에
무슨 지조냐고 비웃어도 좋아요.
야스코를 배신할 순 없어요.

만약에 저하고 정을 맺으면 선생님은
야스코를 두 번 배신하는 게 되는 거예요.

배신?

야스코가
그렇게 말을
하던가요?

그 애는
심성이 착해서
그런 말 안 해요.

다만 혼자 눈물로
지새울 뿐이었어요.

그랬겄지! 야스코는
그런 여자였어.

정말 너무 변하셨어요.
세상에 그렇게
착한 애를 버리고.
아무리 천한 여자라지만…
세상에 아기까지
만들어놓고,
그렇게 엉터리 같은
편지 한 장 남기고
사라질 수 있느냐구요?

야스코가
내 아이를?

그러고도 그 껌둥이하고?

그… 그럼
야스코 말대로
선생님이
오해를….

그날 저는 일찌감치
방을 비워드리려고 했어요.
그런데 그 스티브가
자꾸 덤벼드는 바람에….

아무리 그래도 전
선생님이 그런 오해를
하실 리 없다고 생각했어요.
오히려 순박한 야스코를
세상물정 모르는 등신이라고,
남자는 다 그런 거라고
번번이 야단쳐주었지요.
그래도 그 애는 끝끝내
선생님을 기다렸어요.

야스코와 저는 피난길 북새통에
대전 근처에서 서로 헤어지고 말았어요.
그때 야스코는 젖먹이 애기를
업은 채였는데….

그 후로 사방팔방으로
수소문해봤지만
찾을 길이 없었어요.
죽었는지 살았는지….

나는 사흘 만에
집으로 돌아왔다.

식구들은 내 얼굴을 보고도
아무것도 묻지 않았다.

아빠
아빠

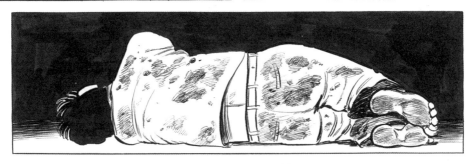

사흘이 더 지나자
목사가 집으로
찾아왔다.

그는 내게 손을 내밀었고

나는 그 손을 잡았다.

그는 나를 위해 기도를 하였고,
나는 그를 위해 기도를 들었다.

그 후
아내는 나를 예배당으로 데리고 다녔고,
나는 아내를 따라 예배당엘 다녔다.

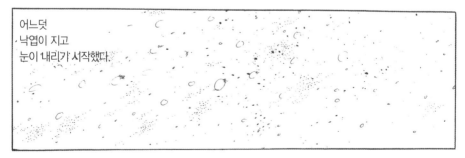

어느덧
낙엽이 지고
눈이 내리기 시작했다.

어느 날
문득

나는 미숙에게 지나간 과거를
털어놓았다.

말씀해주시기를
기다리고 있었어요.

고마워요.
정말 고마워요.

이 화백!

이 사람아! 그럴 때는
노크를 하고 하라카이~

껄껄껄~ 인자 좀
생기를 되찾은
눈빛이구마!

인자부터 자네는
내 치료를 받아야
안 하나~

당분간 서양화는
그리지 말그래이~

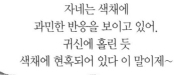

자네는 색채에
과민한 반응을 보이고 있어.
귀신에 홀린 듯
색채에 현혹되어 있다 이 말이제~

자! 이거 어떻노….

흰색과 검은색이 자네를 구제해 줄구마….

精神一到何事不成
陽氣發處金石可透

정신을 가다듬고 천 번만 써보도록 하그래이~ 내용 그대로 정신이 일도하몬 이루지 못할 일이 뭐 있겠나~

그리고 내친 김에 더 배우고 싶다모 내 기꺼이 동양화를 가르쳐주꾸마! 그때 가서 할 얘기지만….

자! 그럼 하던 일 계속하시게―

나는 겨우내
김 선생의 치료를
받았고

미숙은 겨우내
삯바느질을 해서
우리 식구를
먹여 살렸다.

546

그리고 살얼음이
풀릴 무렵 미숙과
결혼식을 올렸다.

아버지, 어머니는
옛날의 아버지, 어머니가 아니셨다.
눈물이 왈칵 쏟아질 것만 같았다.

용서하시오 잉~
그동안 너무 고생이 많으셨지라?

그래, 이놈아! 고생이야
조선 사람 다 한 고생잉께
그렇다 치고 핀지라도 한 번
허지 그랬냐~

나는 나에게 말했다.
죽어도 야스코를 잊을 수 없을 것이라고….
그러나 같은 죄를 되풀이해서 지어서야 되겠느냐고….
나는 내가 하나님을 믿을 사람이 결코 아니라는 것을 알고 있었다.
아마 목사님도 그렇게 알고 있었을 것이다.
그래도 아내는 마냥 행복해 보였다.

당신 정말 천재는
천재인가 봐요!

보세요! 사군자 배운 지 반년도
채 못됐는데 김 선생보다
못할 게 없잖아요!

무슨 가당치
않은 소릴….

껄껄~ 내 못 들은 척
해주꾸마!

어머!

우쨌나,
내 치료법이?

효험이 있나 봅니다.
이제 좀 정신이
모아징께요.

그란디 지 꼴이 우습구만요.
한때는
어떤 관념과 의식을 담는
그림을 그리려고
애를 썼는디….

인자는 반대로
관념이니 의식이니 하는 것들을
버리기 위해 그림을 그리고
있으니 말입니다.

사람은 누구나
맛있고 영양가 있는
음식을 먹으려 애를
쓴다카이~

허무한 일이지.
그래 봐야 전부 똥으로
나올 뿐 아닌가베~

철학이니 사상이니 하는 것들도
똑같은 걸세.

저 외숙모 댁에
좀 다녀오겠어요.

또 쌀 꾸러
가나보지예~

일감이
많이 들어와
있을 거예요.

쯔쯔~
천재 서방을 만나서
고생이 많군.

걱정 마세요.
저도 바느질엔 천재니까요.

재봉틀 한 대만
있으면….

가자, 태주야!

엄마, 철학이
똥이야?

참! 자네 투표하러 안 가나?

이 사람이 정신 없구만. 오늘이 바로 3대 민의원 선거아닌가?

관심 없습니다.

고고한 척 하지 말그라~

다녀오십시오.

제기~ 고집은….

자네 같은 사람이 모두 기권해버리면 이 나라 꼴이 우찌 되겠나? 자, 같이 다녀오세.

그래! 난 민국당에 한 표 던져주고 오꾸마. 자유당이 개헌 정족수를 채우게 해줄 수는 없는 일 아이가~

나는 이 나라에
태어날 사람이 아니었다.
이따위 거짓 그림을
그려야 할 사람도 아니었다.

투표는 똥이고
선거도 똥이다.

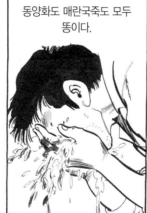

동양화도 매란국죽도 모두
똥이다.

나는 어떤 기가 막힌 그림으로
이 시대가 끝장나게 하고 싶다.

아니, 아주머니가
색시란 말야?

아주머니라니요?
이제 스물 넷인 걸요!

이년이 어디서
사기 치고 있어?

싸게 해드릴게요.
놀구 가세요.

차라리
송장을 끼고 자는 게 낫지
×이나 쓰겠어?

그럼 딴 색시
불러다드릴게요.

일 없어!
몸 팔아먹고
살려거든
살이나 좀 쪄!
알았어?

드르륵

헛소리 그만허고
다시 들어가그라~

그 색시허고
놀다 가란 말이여~

왜… 왜요?

이 ×놈이···. 아··· 알았습니다.

시펄놈! 너나 실컷 끼고 놀렴!

여기 살던 여자는?

은심이란 애 말예요?

지난달에 죽었어요. 애를 떼다가….

빨리 싸, 인마!

니 오늘
투표했어?
안 했어?

해…
했는데요.

개새끼! 그러니까
이 나라가 안 망하고
배겨?

철
벅

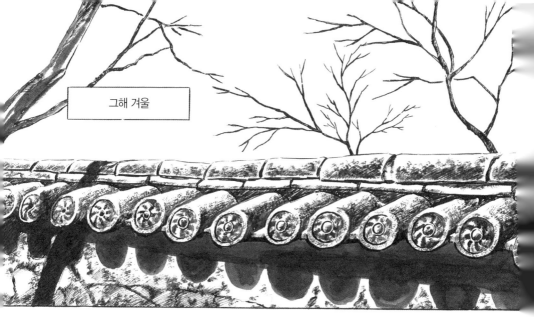

그해 겨울

이 군! 이 군 있나!

이것 보그라!

제 5차 개헌안
1표차로 부결 찬 성 135
반 대 60

단기 四二八九년

보그라~!
단 한 표의 힘이
얼마나 무서운
건지 이제
알겠제!

단 한 표로 인해
이승만 종신 집권의 꿈이
깨어진 거다, 이 말이다!

제5차 개헌안
1표로 부결

기쁘시겠어요.

통쾌한 일이지! 민주주의란 거 바로 이런 거였어! 그동안 자유당 녀석들 개헌안 통과시키려고 별 추잡을 다 떨었지 않았나 말야….

자넨 왜 반응이 없나? 이 땅에 정의가 있다는 게 아직도 믿어지지 않나? 북한에 눌러 있었으면 이런 통쾌한 꼴은 평생 구경도 못 했을 낀데.

제5차 개헌안 1표로 부결되어

한 표 차라니 정말 아슬아슬했군요.

그러나 그 이틀 후….

세상에….

개헌안 부결 선언 번복
헌법 개정 공포

- 203의 3분의 2는 135라도 무방
- 초대 대통령 중임 제한 철폐
- 국회 본회의 야당 의원 전원 퇴장

자네 얼굴 보기가
민망시럽다.

내캉 같이
떠나지 않을 끼냐?

혼자 다녀오십시오.

부욱 부욱

여비 때문에 그러나?
엊그제 그림 몇 점
팔았다카이~

그것이 아니라…

뒤뚱
뒤뚱

이 사람아. 아직도 몇 달은 더 있어야 나올 것 같은데 뭐 그리 안달이가….

그게 아니라… 한 선생님 때문에….

내일 모레 동수 내외가 올라올 걸세…. 그러니 애 염려 말고 다녀오게….

내년 사법고시를 볼 때까지 여기 묵고 싶다더군.

이번엔 꼭 붙을 겁니다.

동수는 재주는 있지만
그릇이 작아…
앞으로 많이 도와주게-

원, 별 말씀을….

이 친구야! 우린 잠시
여행을 다녀올 뿐이야!
무슨 인사를 그 따위로 하나?

자넨 아직도
동양화만 그리나?

예!

난 내 평생 자네만 한
재주를 못 보았어.

꺾이지 말게, 부디….

이 친구가 점점….
동양화가 뭐 우쨌다고
그카나?

죽산 아니십니꺼!

능석!

반갑네!
이거 얼마만인가?

죽산(竹山)이라면 바로
저 분이 조봉암 선생이신가요?

그렇습니다만….

여기서 이렇게 만날 줄은
꿈에도 몰랐다 아이요.
더욱이 신년원단에….

지리산은
우리 남한에서
가장 큰 산 아닌가?
그 큼을 배울까
해서 올라왔네.

하하하!
성님은 여전히
젊으십니다.

고맙네.

그러니까네…
한 십 년 됐죠,
마지막
만났던
것이?

그럴 걸세.
내가 인천에
있을
때였으니까….

인천 하니까 생각이 나는구마요.
그때 성님께 드릴라꼬
산수화를 하나 그렸었는데
감옥에 가시는 바람에
전혀 드리질
못했다 아이요.

하하! 고맙군.
지금이라도
전해주게나!

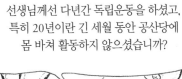

저어…
한 가지만 여쭤봐도
되겠습니까?

선생님께선 다년간 독립운동을 하셨고,
특히 20년이란 긴 세월 동안 공산당에
몸 바쳐 활동하지 않으셨습니까?

그랬지! 기억하기 힘들 정도로
수많은 조직에서 활동을 했지.

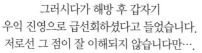
그러시다가 해방 후 갑자기
우익 진영으로 급선회하셨다고 들었습니다.
저로선 그 점이 잘 이해되지 않습니다만….

산은 하나라도 오르는 길은 여럿일세.
가파른 길, 평탄한 길, 위험한 길,
안전한 길, 벼랑길, 지름길, 돌아가는 길….
젊은이 같으면 어느 길을 택하겠나?

그럼 선생님께선
20여 년 동안 오르셨던
길이 잘못된 길이라고
생각허신 것입니까?

절벽이 나타나면
다른 길을 찾는 게 옳은 일 아니겠나?
나는 가장 확실하고 안전하고
빠른 길을 찾고 있는 중이고,
지금도 그 산에 오르고 있는 중일세.
정상에 오른 사람은
아직 아무도 없으니까
그렇게 손바닥을 뒤집는 듯한 질문은
그만해주게나!

그 산의 이름은?

처음에 그 산의 이름은
독립이었네.
한참 오르다 보니까
통일이란 이름으로
바뀌어 있더군.

짧은 동안이었지만
그 만남은 의미가 있었고

보름 동안의
지리산 생활도
의미가 있었다.

김종국 선생은 집을 떠났고.

한동수는 사법고시에
합격했다.

그리고 아내는
재봉틀을 마련했다.

어머!

또 잘못
박았소?

왜 그래, 오늘?
무슨
걱정거리라도
있는 거 아니오?

당신…
정말 나를
사랑해요?

대답해봐요.

당신이 보고
알고 느끼는
바와 같소.

우리 이사 가요.

난 저 여선생이란
여자가 싫어요.

너무 잘난 척하고, 너무 착한 척하고,
그리고 너무 예뻐요.

나 역시 그렇지 않아도
한 선생이 돌아가시고 나서
주욱 그런 생각을 했었소.
헌디….

외양간이면 어떻고,
돼지우리면 어떻겠어요?
우리 식구끼리 누울 자리만 있으면
전 행복해요.

나는 이 여자가 무섭다.
이 여자는 나의 무능력에 대해
한마디 불평이 없다.
보리죽 강냉이죽을 먹으면서도
아무런 불평이 없다. 그 대신
갈수록 무서운 소유욕을 나타내고 있다.
졸지에 고아가 되었기 때문일까?
이 여자는 나를 소유하기 위해선
무슨 짓이든 다 할 것이다.
나의 아내… 내가 사랑하는 여자….
나는 두렵다.
나는 차츰 차츰 박제가
되어가고 있는 것이다.

당장 가서
얘길 하고 오겠소.

떨떠

그만두세요.
그런 말을
어떻게 해요?

말 못할 게 뭐 있어?
이게 누구 집이야!

누구 집이긴요?
반은 우리 집이고
반은 태주네 집이죠.
선생님께서도 그렇게
유언하셨잖아요.

그 유언 들은 사람 아무도 없어.

형님은 그때 제정신이 아니셨어!

다… 당신!

미안해, 나도 양심 없는 놈은 아냐!
하지만 난 저 녀석이 꼴 보기 싫어!
저 녀석은 빨갱이야! 당신 집안과 우리 집안이
몰락한 건 모두 빨갱이 때문이었어!

당신은 법관이
될 자격이 없어요.
강토 씨를 그렇게
만든 건 우리들,
바로, 아니,
특히 당신이어요.

강토 씨 강토 씨
하지 말랬잖아!

차라리 우리가 나가서 살아요.

우린 조금만 고생하면 잘 살 수 있지만, 저들에겐 보장된 미래가 없잖아요.

역시 당신은 나보다 녀석을 더 사랑하고 있었어.

내가 당신을 물에서 건져냈을 때도 당신은 계속 녀석의 이름만 불렀어.

난 오랫동안 의혹을 하나 품고 있었지. 왜 당신이 녀석을 월북하도록 내버려뒀을까 하는….

이제는 확실히 알겠어. 당신은 자기 스스로의 감정을 모르고 있었던 거야! 알면서도 스스로 속여왔거나….

그래요! 나는 그렇게 내 자신을
속이고 있었어요. 강토 씨는
내가 사랑할 대상이 아니라는 생각을
내 잠재의식 깊은 곳에
못 박아두고 있었던 거예요.
그래서 내 감정을 스스로
우정이라고만 믿을 수밖에 없었죠.

아버지가
돌아가시고 나서야
그 사실을 깨달았죠.
나는 위선자였고,
다만 신분의 차이를 깨뜨릴
용기가 없었다는 것을…

비열하거나
옹졸하다고 말해도 좋아!
어쨌든 난 녀석 얼굴을
쳐다보며 살고 싶지 않아!
그건 그만큼 당신을 사랑하고
있다는 증거가 되겠지.

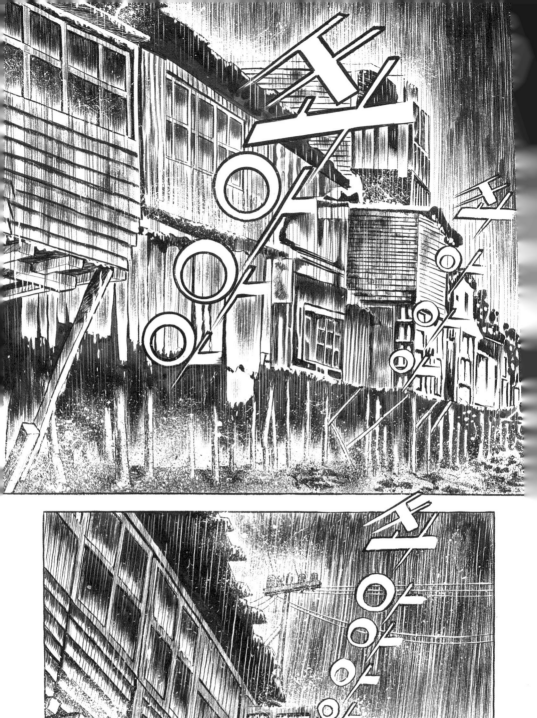

낙관이 문제 아이가~
내 낙관을 찍으모
괜찮은 가격을 받을 거 같은데….

낙관이야
아무려면
어떻겠
습니까!

자넨 예술가의 자존심도 없나?

제 자존심은
서양화에 있습니다.

자존심도 없는 그림이
이 정도라….
자네 날
비참하게 만들
작정인가?

좋아!
자네 자존심은
없다고 치고
내 자존심은
…찾는다!

자존심이 뭐야?
그것도 똥이야?

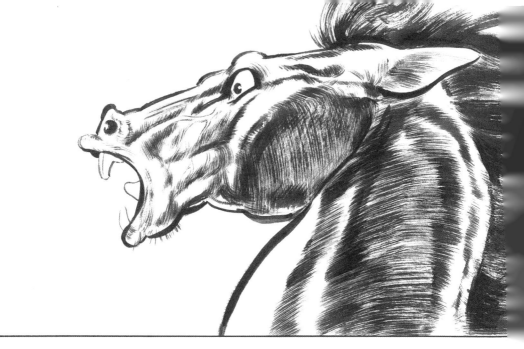

종군! 능석의 화풍이
이렇게 변모했나?

실은
제 그림입니다.
선생님께서 더
좋아하실 거라며
가져가라고 하셔서….

그래, 난 항상
진취적인 태도를
높이 평가하는
사람이니까….

이 군이라고 했었지.
젊은이 정치에
관심이 있나?

첫눈에
그런 인상을 받았네만….

제가 오르던 산의 이름은
혁명이었습니다.
오르다봉께 절망이란 이름으로
바뀌어 있더구마이라~

올해 나이는?

스물여덟입니다.

남의 일이라
쉽게 말한다고 듣지는
말게! 절망 없는 희망이
어디 있겠나?

절망하기
좋은 나이군.

선생님께서
구상하고 계신
통일의 방법론에
대해 말씀해주실 수
있겠습니까?

세 가지
방법이 있네.

첫째, 평화!
둘째, 평화!
셋째도 평화!

난 곧 나가봐야겠네.
정 군하고 대화해보게!
젊은 사람들끼리
허심탄회하게….

우린 지금 너무나 외롭소.

자유당과 정부는
우리 혁신 세력의 정치 참여를
봉쇄하기 위해 갖은 술수를
다 쓰고 있소.
그런가 하면 야당 또한
우리 죽산 선생을 배척하는 정도가
여당에 못지않소.

아시다시피 작년 사사오입 개헌 파동으로
이승만의 신망은 떨어질 대로 떨어져 있소.
한시바삐 재야 세력을 규합하여
강력한 단일 야당을 구축한다면
내년 정·부통령 선거의 승리나 이승만 정권의 타도는
시간문제와도 같은 것이오.

그러나 말이 쉽지 사실은
그렇지가 못하오.

대부분의 재야 정객이
우리 죽산 선생의 존재를
배제하려 하고 있소. 특히
조병옥, 김준연 등 보수 우파들은
죽산 선생의 참여를
결사반대한다는 입장이오.
물론 인촌(仁村) 김성수
선생 같이 참여를
고집하는 분도
계시지만….

도대체 죽산 선생 같은 분을
제외하고 무슨 민주정치를
하겠다는 건지…
52년의 부산 선거 기억나시오?

나는 그때
수용소에
있었소.

전쟁 통이긴 했지만 이승만 혼자
북 치고 장구 치던 선거였지.
제1야당인 민국당에선
제대로 전열조차 가다듬지 못하고…

결국 보다 못해 죽산 선생께서
무소속 필마단기로 돌입해서
80만 표를 획득했소.
전체 유효 투표의 10퍼센트 정도에
불과했지만
그 악명 높은 발췌 개헌에 의한
일방적 관권 선거에서
그만한 지지를 얻었다는 건
경이적인 도전이었소.
그때 출마하며
하시던 말씀이…

'나는 대통령이 되리라곤 생각지 않는다.
다만 대통령과 싸울 사람조차 없다는 국민이
너무 불쌍하다.
독립투사로서의 이승만은 존경하나
행정 수반으로서는 적격이 아님이
드러났다.'

그 얼마나 멋진 말씀이오.
난 죽산 선생이야말로 이 시대의 사명감을
지닌 분이라고 믿고 있소.

나 얼굴에
뭐 묻었어?

당신 갑자기
씩씩해진 것 같아요.
평양에서 처음 만났을 때처럼….

야! 호랑이다,
호랑이!

하하! 난 우리나라 최연소
국회의원이 되는 게 꿈이었소.
보기 좋게 낙선하고 말았지만….

당선이 됐다 해도
내 꿈은 이루어지지
않았을 거요.
김영삼이란 친구가
스물다섯 살로
신기록을
세웠으니….

안녕히 가십시오.

수고하이소~

제기~ 그림 값이
종이 값보다 못하니….

자!

괜찮으시다면 반씩….

넣어두라!

니 누굴 사기꾼으로 만들라꼬 하나.
니 엉터리 그림에
낙관 찍어준 것만 해도
가슴이 아픈데….

저도 가슴이 아픕니다.
그 위대한 작품에
선생님의 낙관을 찍다니….

대포 한잔 사모
그 말 용서해주꾸마!

니 요즘 정치하나?

그저 생각이 비슷한 사람들이랑 간혹 만나는 것인디요 뭐….

그것이 바로 정치 아이고 뭐가? 방구가 모이면 똥이 된다카이….

쟁이모 쟁이답게 쟁이들캉 놀아야제 와 까마구들캉 어울리노?

술 한 되 더 시키까요?

컥!

요담에 내 그림에 니 낙관 찍어 팔게 되모 밤새도록 한번 마셔보자.

늦었구마!
부득불 한잔 걸칠 일이
있어서….

후후… 어서 앉아요.
좀 있으면 괴상한 녀석이
하나 나타날 겁니다.

어이!

놀랍군! 땡중은 추위도 안 타나?

가사장삼, 목탁, 염주 몽땅 술하고 바꿔 먹었지. 나 오늘부로 환속했네.

부처님이 아까운 사람 하나 잃었군.

×대가리 땜에 중노릇도 못하겠어. 어서 한 잔 따라!

크으으~ 달다!

걱정 말게!

이제 조봉암 선생이 대통령 되는 건 따놓은 당상일세. 이 몸이 하산하셨으니.

그의 이름은 구용회. 법명은 병송(兵松). 승려였고 시인이었다.

만나서 반갑소! 헌데 화가 양반이 어쩌다 이런 돌대가리와 어울리게 됐습니까?

글씨요~ 슬슬 조각 공부나 해보까 해서….

하하하! 틀림없이 위대한 걸작이 나올 거요! 워낙 재료가 좋으니까…

왜 그요?
왜 그러고
있소?

여… 여보
그러고
잔 거요?

그 친군 갔소?
그 중대가리….

이 형!
우리 김홍도나
피카소를 위해
해장술 한잔
더 합시다.

덜컥

구용회!
그는 매력 있는 사람이었다.
모든 사고방식이나 행동이
그의 주량만큼이나 돋보였다.

이건 새로 발족될 정당의
창당 발기 취지문의 초안이오.
내 나름대로 문맥을 다듬어봤는데
어떤지 한번 읽어보시겠소?

한마디로 신선허고 대담허구마이라.
또한 지당허고….

특히 이 부분이 맘에 듭니다.

진정한 혁신은 오로지 피해를 받고 있는 대중 자신의 자각과 단결 위에서만 실현될 수 있다는 것을 깊이 인식한다.

선생님께 보여드렸는게라우?

아니, 곧 보여드릴 참이오.

그런데 그 통일 정책이나 경제 정책에 관한 부분 말야!

너무 과격한 거 아냐? 국민에게 너무 위험한 발상이라는 인상을 주지 않을까?

위험한 건 오히려 자네의 그런 생각이야!

지금 이 정권은 민주주의 원칙에도
위배되는 금기 조항을 하나씩 둘씩
만들어가고 있네!
야당 또한 알게 모르게
거기에 이끌려가는 느낌이고….

소위 정치가란
사람들이 집권당이
만들어놓은 테두리
안에서만 생각하고
말해야 한다는 건
너무나 끔찍하고
비참하고
몸서리쳐지는 일
아니겠어?

한시바삐 그 금기를
깨뜨려버리지 않으면
머지않아서
이 나라의
언론 자유와
표현의 자유는
완전히 말살되고
말 걸세.

그 일을 할 사람이 바로 누구인가?

바로…

나나 이 형이 아니라 바로 자네란 말일세!
이 나라의 패트릭 헨리*가 되어야
할 사람은….

*패트릭 헨리: 미국 독립운동가. "자유가 아니면 죽음을 달라"는 명언을 남긴 것으로 알려져 있다.

그만해두게.
나는 다만….

아까 자네의 말이
내 귀에 어떻게
들렸는지 알아?

자유가 아니면 돈을 다오!
금배지를 주든가….

자네 내 대신 출마하는 게
어떻겠나?

할 생각입니다.
찬조 연설 정도라면….

나도 평양에서 몇 번
해보았던 일이다.

그러나 차원이 달랐다.
날이 갈수록 나는 그에게
위압감 같은 걸 느끼고 있었다.

자! 우리의 인사─
성대 보호를 위하여!

福

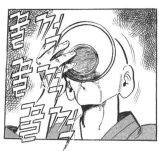

성대 보호는 이제 됐고,
성기 보호는 뭘로 하지?

푸웃

福

나쁜 놈의
새끼들!

빨갱이 놈들이야!
사정 볼 것 없어!

저 중대가리
더 조져!

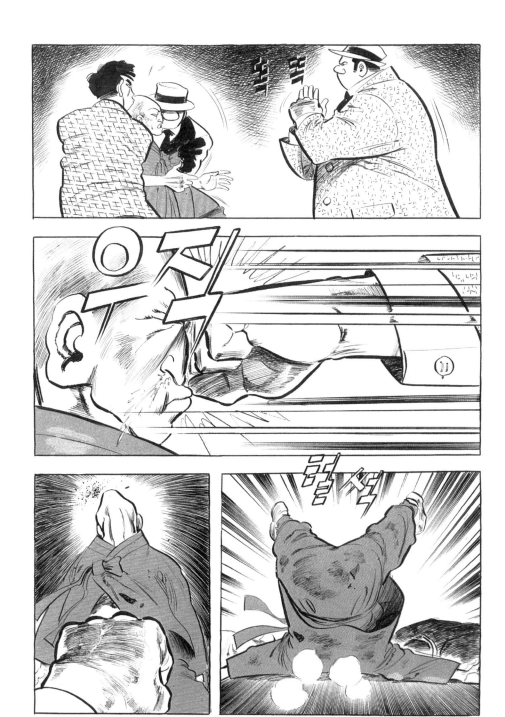

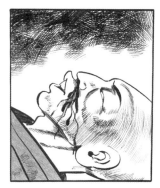

일 분이나마
더 살고 싶으면

얌전히 돌아가
생업에나 종사해!

죽산(竹山) 조봉암은 1956년 5·15선거를 겨냥하여
진보당 창당을 서둘렀으나 미처 창당을 선언하기도 전에
선거를 치러야만 했고, 결국 창당준비위원회의 이름으로 입후보하여
민주당에서 나온 해공(海公) 신익희와 협상을 벌였으나
후보 단일화가 성사될 전망은 전혀 없었다.

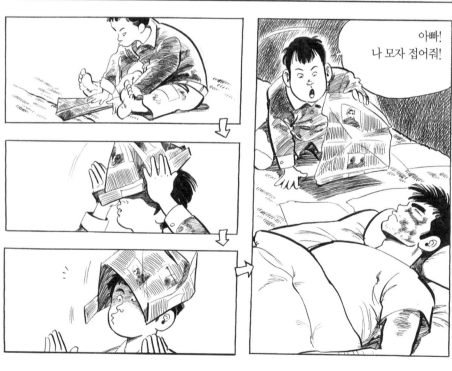

아빠, 오늘도 아파?

이 형! 복수하러 갑시다.

그날 밤 어떤 놈이
이걸 떨어뜨렸소.

내용은 이게 전부였소.

5686
3층 사람

알아본 즉, 장 사장 이 자가
바로 우두머리인 모양이더군요.

대단허시오 잉~
어찌케 그런 걸 다 알아냈다요.
나는 누워만 있기도 심들든디
아직도 온몸이
욱신욱신거리는 것이…

하하하! 모두 다 절에서
단전호흡을 배워둔 덕분
아니겠소?

어찌케 헐 작정이오?

내게 맡겨만 두시오.

쯔이악

누구십니까?

장 사장께 병송 도사가 찾아왔다고 전하시오!

?

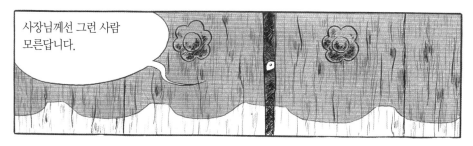

사장님께선 그런 사람
모른답니다.

문 열어
이 개 자 식아!

!

34

제대로 찾아왔군.

오늘 장 사장을 못 만나면
대신 네놈 목을 자르겠다.

날 만나면 나 목을
자를 텐가!

니 니는 강토 아니냐!

왜 아니겠소!

搖頭出手

나는 앞니가 두 개 나갔고
이 친구는 골병이 들었소이다.
또 한 친구는 갈비뼈가 부러져
누워 있는 중이고….

자!

부족헌가?

할 수 없군.
이 형 입장을 봐서
이 정도로
참아야지.

부하들에게 말해두시오.
한 번 더 그러면 모조리 뽕알을
빼어 염주를 꿰겠다고….

하하하!
내
명심해두지!

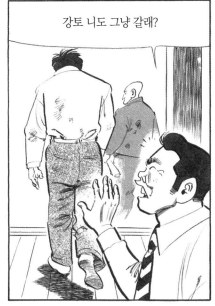

강토 니도 그냥 갈래?

참, 오늘 조간 봤소?

아니!

신익회 선생이
서거했소.

이상하게
단일화가 되었군.

어떻소?
이제 승산이
있을까?

몰라서 묻는 거요?

단일화가 되건 안 되건 이번 선거는
이승만이 이기게끔 돼 있는 거요.

어차피 질거믄
구 형은 뭣땀시
그리 열성이었지?

그게 바로
민주주의니까….

내일 또
봅시다!

한잔 안 할 거요?

이 형! 이거 가지고 가시오!
보약이나 한 첩…

나 몫은 민주주의에
헌금허겠소!

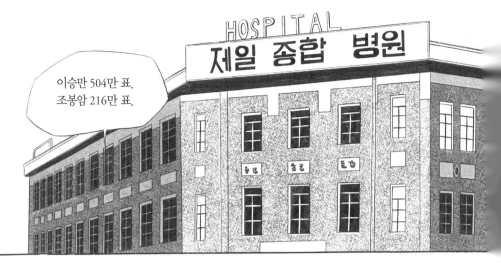

이승만 504만 표.
조봉암 216만 표.

이젠 자유당도 제멋대로
놀지 못하게 됐지.
반대 세력의 실체를
똑똑히 확인했을 테니….

부통령은
역시 이기붕이?

아니 민주주의
장면(張勉) 박사께서
보기 좋게
당선됐지.

속단은 금물!

아무튼 이번 선거는 네 갈비뼈 힘이 컸어.
속히 쾌차하라구….

우욱!

아아….

여… 여보!

며… 며칠 전부터
아랫배가….

타 타타

다… 당신
요즘 고민이 많아서
아무 말도….

타 타타

당신 나를 정말 사랑하죠?

염병할! 사랑 소리 좀
때려치우지 못허겠어?

타 타타

급성맹장염입니다.
곧 수술을
해야겠습니다.

수술비는 낼 수 있습니까?

나 목을 짤라서라도
마련해오께요.

빌어먹을
민주주의…

하여튼 니는 나를
찾아올 적마다 우거지 상잉께?
낯짝 좀 활짝 피고 댕기믄
뭐시냐 귀신이 업어가냐!

뚝배 성 몇 번
더 찾아오다가는
나 목숨이
남아 있지 않겠소.

그래, 그래! 저번 일은
나가 미언허다 안 했냐?

니도 그리고 댕기지 말고
나 비서로 들어오는 거이 어떻겠냐?
니는 똑똑형께 한밑천
단단히 잡을 수 있으꺼이다.

나가
그런 맘 있었으믄
월북까지 했었겠소?

니 월북했었냐?

그래서 보기가
그렇게 힘들었구나!

괜찮다, 괜찮다.

나도 옛날에
쪽발이 앞잽이 노릇 안 했었냐?
그래도 나 과거 아는 놈 하나도 없다.

정치고 혁명이고
인간지사 모두 새옹지마여~
그때만 해도 나가
이렇게 출세헐 줄
누가 알았겠냐?

뚝배 성,
나는 참말로 실망해뿌렸소.
정치를 헌다고 허드니
기껏 깡패들이나
거느리고
있는 거요?

어? 어? 어?

그러믄 이 무식쟁이 깡통으로
면정을 허겄냐?
판검사를 허겄냐?

글고 정치란 거시
이렇게 나서지 안허고
앉아서 넘들 입에
오르내리지 않게끄름
허는 거시 진짜 정치여~

사람들은 국회의원이 최곤 줄
알지만 그거시 아니랑께~
국회의원들도 나 앞에서
굽신굽신헌다 이 말여~
니는 안 믿을지 몰라도….

니도 앞으론 나를
'장사장'이라고 불러라 잉~
'뚝배'라고 그러믄 나 위신이
뭐가 되겄냐?

아아~ 물론 이렇게 둘이
있을 땐 어찌케 해도 좋다!
난 왠지 모르지만
아무리 미운 짓거리해도
니한테는 정이 간다.
죽은 동생 생각이 나서
그런지 몰라도….

그나저나 제수씨가
그렇게 됐당께 안됐다잉!
수술비가 얼마나 든다냐?

공짜로 도와달라는 것이
아니구마요. 그림 몇 점 팔아주시오.

그림?

그렇지! 니 마침 잘 찾아왔다잉~
나가 아는 여자 하나 있는디 지금 요정을
크게 짓고 있는디 거기 붙일 그림도 많이 필요허꺼이다.

참, 니 그림은
서양화 아니냐?

요즈음은
동양화도 허고 있소.

역시 니는 앞을 볼 줄 아는 놈이여.
서양화보다 동양화가 백 번 낫지 잉~
일단 몽땅 가져와보라!

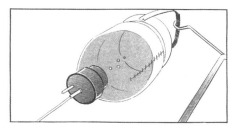

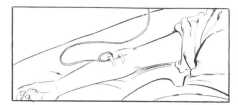

아… 입원비는?

곧 챙겨질 거요.

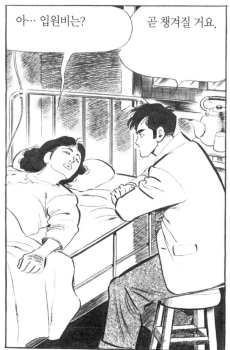

부… 부엌 항아리 속에
내가 감춰둔 돈이 있어요.
그걸 보태세요.

돈이다!

아빠 그거
돈이지!

울먹 울먹

엄마는 그림책도 안 사주고….

엄마 나뻐!
아빠도 나뻐!

進步黨創黨發起大會

進步黨

축하합니다. 선생님.

고맙네! 자네들 도움이 컸네.

이 친군 배신자입니다.
당원으로 가입하지
않겠답니다.

죄송합니다.
전 자유를 택했습니다.

이제 창당도 되었으니
전 제 할 일을 해야죠.

그거 참 섭섭하군.
이 군은?

저도 제 본분을
찾겠습니다.

그래! 긴 안목으로 보자면
정치보다도 문화 예술이
더 중요하니까….

외람된 말씀이지만
부탁 하나 드릴까 헌데요.
자본주의의 맹점은
그 어떤 권력보다도 금력이
우선헌다는 디 안 있습니까?

선생님께서 어련히
알아서 허실 줄 믿습니다만
부디 금전에 의해
정의와 도덕의 파탄이
오지 않도록 힘써주십시오.

그 충고
고맙게 받아들이겠네.
그렇지 않아도 난
자본주의 사회가
당면할 위기에 대해서
수없이 생각해왔네.

이제 오랜 진통 끝에
창당도 했고 하니
어떤 반대에도
굴하지 않는 신념으로
과감하게 우리 정책을
펴나갈 생각일세.

신문요!

땅콩

신문!

단기 4291 年 1月 13日

조봉암 구속

진보당 간부7명 과 함께 간첩혐의

어서 와요, 이 형!
오실 줄 알았소.

자, 이승만과
자유당의 더러운
음모를 위하여!

콸
콸 콸

정 형은
어찌게 됐다요?

지난 12일
다른 간부들과 함께 연행되었소.

와싹
와싹

죽산 선생은 그 이튿날
경찰에 나가셨소.
자진 출두한 건데
검찰에선 연행한 것이라고
억지를 쓰는 모양이더군.

대체 뭔
죄목입디까?

아!
국가보안법
위반이라지
않소?!

쪼끔 더 세세한
내막은 모르요?
신문에 난 것
말고….

이 형도 참,
어리석긴….
이런 일에 무슨
내막이 있겠소.
내막이 곧 흑막이고
흑막이 곧 내막
아니오.

하여간 별시런 증거가
나서지 않는 한은
검찰의 공소 유지가
참말 어려울 낀디….

이 형! 산전수전 다 겪으신 분이 왜 그렇게
꽉 막힌 소리만 하는 거요?

법이란 건 귀에 걸면 귀걸이,
코에 걸면 코걸이, ×에 걸면 ×걸이요,
이 형은 설마설마하는 모양인데
설마야말로 사람 잡는 귀신이랍니다.

실례합니다.

시민증 좀 봅시다.

무슨 일이오?

구용회 씨 틀림없죠?

그렇소만….

당신은?

이강토!
마침 잘 되었군.

두 분 다 일어서시오.
같이 좀 가주셔야겠소.

어떻소, 이 형!
말하기 무섭지 않소.
이분들이 바로
코걸이 꿰는 사람들인
모양인데….

좋소! 마시던 술이나
마저 마시고 갑시다.

이 양반이
장난치나!

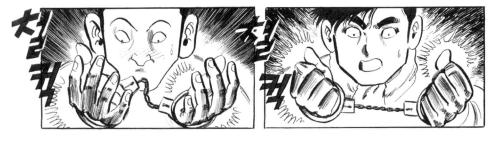

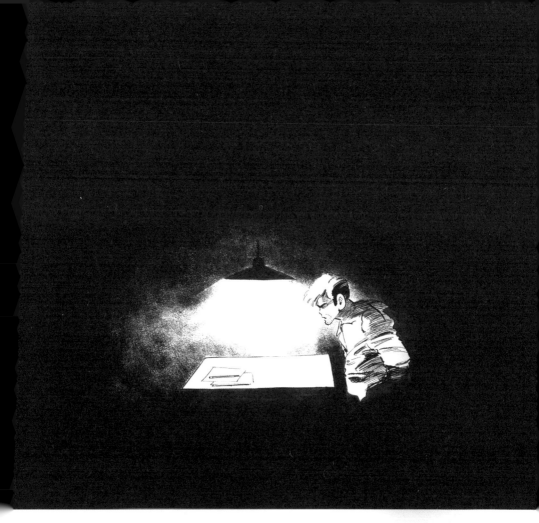

아직도 바른대로
말하지 못하겠나?

나는 헐 말이 없소.
더 이상 아무것도….

이강토!
넌 빨갱이였다!
아닌가?

옛날 이야기요.
전쟁은 끝났소.

그런데 왜
조봉암을 만났지?

조봉암과
어떤 사이인가?

나 개인적으로
존경할 뿐이오.

왜 빨갱이를
존경하나?

그건 네가 여전히
빨갱이기 때문이다!
그렇지?

마음대로
생각하시오.

진보당 내에선
무슨 역할을 했나?

아무 역할도….

거짓말!

욱!

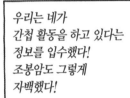

우리는 네가
간첩 활동을 하고 있다는
정보를 입수했다!
조봉암도 그렇게
자백했다!

말해라!
조봉암과 남파 간첩의
접선을 어떤 방법으로
주선했는지 밝혀라!

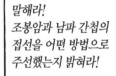

우 웃기지…
마시오 잉~

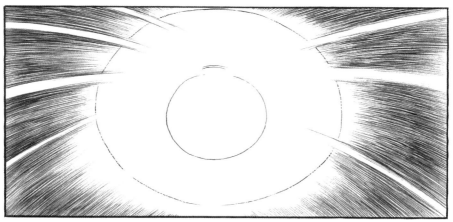

이름은?

이강토….

나이는?

서른하나….

직업은?

화가….

월 수입은?

별로….

지난 6년간
뭘 먹고 살았나?

밥….

조봉암이 생활비를
대주던가?

전혀….

이강토!
바른대로 자백해라!
북괴의 공작금을
어떻게 전달 받았는가?

차…차라리
날… 죽여뿌시오.

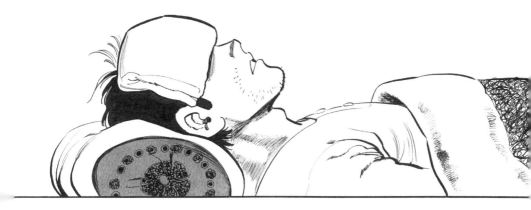

구 형! 구 형이
있었던 것 같은디?

방금
다녀가셨어요.

그 친구 어찌케 됐어?
언제 풀려났당가?

당신에 비하면 멀쩡해요.
이틀 전에 나왔다는 소리
못 들었어요?

그…그랬소?

다…당신
정말 괜찮은 거예요?
방금 있던 일도
기억 못하고….

안심허시오.
지옥 겉은
포로수용소에서도
멀쩡허게 견뎌낸
몸잉께~

당신도 참 딱해요.
속으로 골병드는 걸 왜 모르세요?

모르는 게 아니었다.
나는 이미 고통에 대한
생리적 한계를
느껴오고 있었다.

태주 엄마!

662

밤늦게 미안허구먼.
나 이것 때문에….

아주머니 이러시면
정말 곤란한데요.

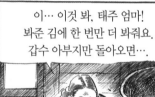

이… 이것 봐, 태주 엄마!
봐준 김에 한 번만 더 봐줘요.
갑수 아부지만 돌아오면….

벌써 석 달째예요.
같은 말만
되풀이하시면
전 어떡해요?

그… 그러니까
이렇게 부탁하는 거
아녀~

두 눈 꼭 감고
두 달만 더 기다려줘!
내 밀린 이자하고 원금하고
다 갚아줄 요량이여~

두 달이나요!

이것 보세요, 아주머니!
그렇게 구렁이 담 넘어가듯
넘어갈 생각 마시고 앞으로
보름 안에 다 갚아주세요!

참 너무하구먼….
보름에 된다면
내 이렇게
사정하겠어?

알아서 하세요!
보름 후엔 땅문서고 뭐고
팔어버릴 테니까요!

타

이것봐, 태주 엄마!
이웃끼리 그러는 법이 아니여~
내가 돈 떼어먹는다고 한 것도 아니고,
갚아준다는데 젊은 여자 맘 쓰는 게
섬뜩섬뜩하구먼….

누군 뭐 돈이 남아돌아서 빌려준 줄 아세요?
우리 사정은 아주머니보다 더 절박해요!
저도 참을 만큼 참아드렸잖아요!

철컥

당신 돈놀이허요?

땅문서끼지
오고 갈 정돈가?

몇 푼 안 돼요.
담보란 것도
저 변두리에
쓸모없는 자갈밭
한 떼기에 불과해요.

주무세요.
신경 쓰지
마시고….

하여간에
좋은 일은
아니지 않소?

그렇게 안 하면
살 수 있을 거
같아요?

가장이란 분이 생전 돈 벌 생각은 않고
툭 하면 반주검이 되어 들어오기
일쑤인데.

생각해보세요! 몇 년 후면 태주는 중학교 가지…
은주는 초등학교 가지… 그리고
낼 모레면 애가 하나 더 생기지….
돈이 소쿠리에 가득 있어도 모자랄 판예요.

당신 또…?

그래요.
삼 개월이 다 돼가요.

왜 갑자기 말문이
막히죠?

당신보고 돈 벌어오라는 소린
않을 테니 걱정 말아요.
그 대신 제가 하는 일에
너무 참견 마시고
그림에만 열중하세요.
내가 당신에게 원하는 건
단 한 가지,
당신이 고흐나 고갱 같은
화가가 되는 거예요.

그리고 또 한 가지
제발 좀 정치니 개혁이니 하는 일에
관심 좀 갖지 말아요.
도대체 우리에게
무슨 이득이 있다고 그래요?
앞으로 정 선생이니 구 선생이니
하는 사람들도
만나지 마세요.

구 형!
찌가 움직이요.

이 형 것도….

큰 놈 겉은디….

그런 것 같군.

붕어일까?

잉어일지도 모르지.

안 꺼내볼 거요?

꺼내보면
뭐하겠소?

양명산이란 사람을 아시오?
지난 2월부터 간첩 혐의로
군 수사기관에 잡혀 있던
사람인데 기소된 지
20여 일 만에
죽산 선생과
접선했다는 혐의로
같이 재판을 받게 되었소.

나도 신문에서 봤소.

그는 자신에 대한
기소 사실을 모두
시인했소.

그랬답니다.

그가 그때
울먹였다는 사실도
아시오?

왜 울었답디까?

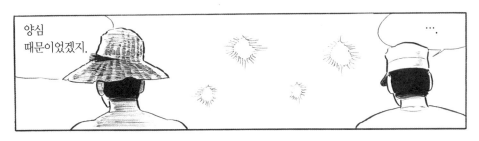

양심
때문이었겠지.

….

죽산 선생은 영락없는
간첩이 된 거지요.

나는 결코
놀라지 않기로 했소.

사형이
집행된다 해도….

진보당의 정당 등록은 이미 지난 2월 25일
재판도 열리기 전에 취소되어 있었다.
등록 취소의 이유는 다음과 같았다.
① 평화 통일론.
② 북괴가 밀파한 간첩, 밀사,
파괴 공작원들과의 접선.
③ 당원을 의회에 진출시켜
대한민국을 파괴하려는 기도.

검찰과 경찰은 마치 법률 재판에 앞서 언론 재판 또는 여론 재판을 해버리려는 듯이
앞을 다투어 진보당과 조봉암의 죄상을 흘리기에 여념이 없었다.
이윽고 1958년 6월 13일~

단기 4291년 6월 13일 서기 1958년 6월 13

曺奉岩에 死刑求刑

검사 조인구는 장장 1백 60여 페이지가 넘는 긴 논고 끝에
조봉암, 양명산 두 피고인에게 사형…

안 꺼내볼 거요?

빌어먹을….

확

푸드득

푸드득

그리고 1심 선고. 공판이 열린 것은 같은 해 7월 2일이었다.

본 법정은 박기출 등 18명의 피고에게 무죄.

조봉암과 양명산 두 피고에게 각각–

징역 5년을
선고합니다!

땅
땅

땅

와아

술렁 술렁

웅성
웅성

짝 짝 짝 짝

야바위다!

와
장
창

친공판사 유병진
타도하라!

672

장 사장님!

쑥스럽다아!
그냥 성이라고
부르거라~

좋소! 뚝배 성,
정말 그럴라요?

조봉암 선생을 처벌한다고 해서
성한테 뭔   이득이 있소?

니 갑자기 뭔 소리
허는 거여?

딴청 허덜 마시오 잉~ 저번 재판소에서 난동을 부린
친구들 말인디….
낯익은 얼굴이 꽤 있습디다.

니도 참 한심하다. 그 사람들 반공 청년이라고 신문에 난 것도 못 봤냐?

성이 보낸 사람들도 전부 반공 청년들이란 말이오?

야야, 니 정말 왜 그러냐? 난 니하고 그런 골치 아픈 얘기 하고 싶지 않다. 어디 좋은 데 가서 간만에 술이나 한번 마셔보자.

뚝배 성! 그러지 말고 좀 봐주시오.

조봉암은 내 아버지 같으신 분이오!

지금 야당에서는
그 난동 사건의 진상을 조사허라는디
자유당은 되려 친공판사규탄대책위원회인가
뭔가를 만들어서 깡패들과 검찰을
후원허고 있소!

꼼꼼하게 생각해보시오! 성도 알게 모르게
조봉암 선생을 죽이는 것에 한몫 거들고 있는 것이오!
부탁인디 역사의 죄인이 되지 마시오!

정말 조봉암이
무죄라고 생각허냐!

뭔 죄가 있다요?
남북한 쌍방 간에 양보해서 통일허자는
그거시 죄다요? 아니믄
수탈 없는 계획경제를 이루자는 거시
죄다요?

빨갱이들허고
똑같은 소릴 허는디?

그거시 미묘허고
또 북한의 평화 공세와
문맥이 통헌다는 것은
누구나 알고 있는 일 아니오?
그렇께 진보당은 창당 이전에
특별 성명을 내서
북한의 위장된 평화 공세를
비난했던 것 아니오?

우리 그런 얘기 그만두자!
닭이 먼저냐, 계란이 먼저냐는
법정에서도 한없이
되풀이한 얘기 아니냐?

생각해보시오.
뚝배 성이 만약 간첩이라믄
그렇게 어리숙허게
날 잡아가슈 허고 다니겠소?

....

니 마음은 나가
잘 알겠다.
헌디 징역 5년이믄
싸게 맞은 거여~

앞날이
심상치 않아서
그러는 겁니다.

1심에서 무죄를 언도받고
풀려난 사람들이
어찌케 됐는지 모르요?
18명 전원 다 재구속됐습니다.

내게 무리헌 부탁은 허덜 마라.
물리적으로 쪼께 도와줄 수 있을는지는
몰라도… 나가 뭔 힘이 있어서
그런 일에 나서겠냐?
국회의원 서너 명 구워삶아서
되는 일도 아니고, 모든 것이 다
사법부에서 헌 일인디.

나도 큰 도움 바라지 않는당께요.
단지 깡패들을 동원해서 선동허는 일이라도
삼가주시오 허는 것이오!

나 갈라요!

참! 나 야스코 만났었다.

언제?

서너 달
됐지,
아마?

한국관이라는 식당에서
일하고 있더라….

먼 병이 있는지
안색도 안 좋고
고생깨나 헌 듯싶드라.
전부 다 나 잘못 같아서
인편에 돈 좀
보내줬는디
받았는지 모르겄다.

참, 열한 살 묵은 딸이
있다든디
니 딸인 것이
사실이냐?

안영자?
안영자요?

일본 이름은
'야스코'라고 합니다.

아아~
동경댁을
찾아오신 게로군.

조금 늦으셨소이다.
일주일 전에
그만두었어요.

연락처를
모르신가요?

글쎄 워낙
말이 없는
사람이어서….

어이! 김 양…

예!

동경댁 사는 곳이 어디라고
했었지?

서대문 근처 어디라던데….
저도 그렇게밖에 몰라요.

왜 그만뒀는가요?

글쎄올시다.
일도 꽤 열심히 잘했는데….

돈을 조금 모았나봐요.
구멍가게를 차리겠다는 말을
가끔 했어요.

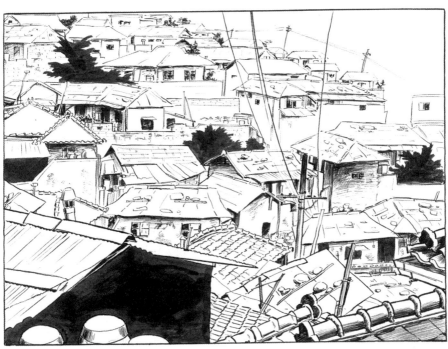

이 형, 서울 고법에서 열리고 있는
2심 공판을 보셨소?
재판부의 구성이나 재판 진행 태도가
1심과는 전혀 딴판이었소.

한마디로 말해서
몹시 살벌합디다.

이 형! 오늘 기어코 변호인단이
재판부 기피 신청을 하고 말았소.

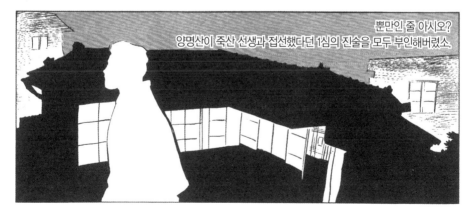

뿐만인 줄 아시오?
양명산이 죽산 선생과 접선했다던 1심의 진술을 모두 부인해버렸소.

이 형. 놈들은 무언가 작정한 게 틀림없소.
재판은 형식에 불과하고 피고들의 진술은 무시되고 있소.
오늘 그 문제로 인하여 변호인 한 사람이 사퇴하고 말았소.

이것은 법도 재판도 아니오.
이것은 사법 살인이오.

조봉암, 양명산은 사형.
그리고 1심에서 무죄였던
18명의 피고들도 전원 유죄.
10년에서 20년이오.

이승만이 기분이
몹시 좋았나 봅디다.
뭐라고 말했는지 아시오?

한 법을 가지고 한 나라 사람들이 판이한 재판을 한다면
어느 것이 옳은 것인지 국민이 판단하기 힘들 것이다.
재판의 권위를 세워야 할 것이다.

대법원의 확정 판결이 난 것도 아닌데
행정부 수반이 재판 결과에 이렇게 논평할 수가
있소?

정말 큰일이오.
큰일!
대한민국 사법부의
장래가
극히 염려된다
이 말이오.

한 되 더?

좋소! 우리 죽산 선생이 석방되는 날까지 마십시다!

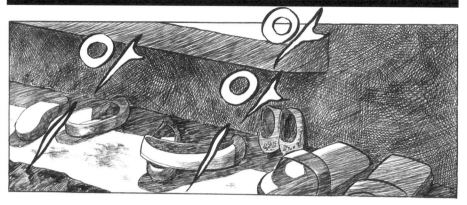

엄마…
엄마 왜 그래?

여… 옆집에…
가서….

아줌마!

아줌마!

달그락

달그락

아니 자네 웬일인가?

밤늦게 죄송허구마이요, 검사님!

술 한잔 받아주십사 허고 왔습니다.

전작이 과한 것 같은데….

하하하! 검사님, 제 주량을 모르십니까?

그냥 선생님이라고 부르게!

아이고! 고맙구마이라, 사모님!

너무하세요.
이게 몇 년 만이에요?

애들은 잘 커요?

요즘 그림 많이 그리나?

술 잘 마셨습니다.
이만 가봐야 되겠소.

아무래도
나가 잘못
찾아온 것
같구마이라.

앉으세요.
좀 더 노시다
가세요.

나가 술이 취했지! 자기 성님 유언도 말살해뿌는 사람허고 뭔 허심탄회한 얘길 허겠다고!

그만둡시다잉~ 선배님 거튼 햇병아리 검사가 뭔 능력으로 죽산 선생을 구하겠소?

정부가 법관 연임 법안을 제안해서 사법부를 위협하고, 국가보안법 개정안이 국회에서 날치기로 통과된 이 마당에….

안녕히들 계시오! 앞으로 두 번 다시 만나보기 힘들 것이오.

에이구! 이 선생, 고주망태가 되셨네! 어떡하누!

아들이야, 아들!

해산 날짜가 며칠 남았는디….

아빨 닮아서 성미가 급한 모양이야!

아이의 이름을
죽산 선생께
지어달라고
부탁하고 싶었다.

면회가 허용되지 않아
변호사를 통해서
겨우 뜻을 전달했다.

석주가 어떠냐고
하시더군요.
밝을 석(晳)입니다.

그리고 이런 말씀을
덧붙이셨습니다.
기회 있으면 지리산에
한 번 더 오르자고…

그럴 기회가
주어질까요?

현재 상황으로
보자면…

1959년 2월 20일.
대법원은
조봉암과 양명산의 간첩, 국가보안법 위반 등의 혐의를
유죄로 인정하여 사형 판결을 확정했다.

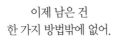
이제 남은 건
한 가지 방법밖에 없어.

재심 청구?

해봐야지.
그러나 그건 기각될 게
뻔하고….

그러면 구명 운동?

그래! 우선은 대통령에게 호소하는 수밖에 없겠지.
전과를 뉘우치고 이승만에게 충성을 다짐하는
성명을 내는 걸로 시작해서….

우선 목숨은 살리고 봐야
할 게 아냐!

1959년 7월 13일

바로 그날…

전보요!

한꺼번에 두 명의 아버지를
잃은 느낌이었다.

평생 고생밖에는
한 것이 없고, 그래서
고생 그 자체가 인생이었던
아버지…

그리고 나의 마지막
정신적 지주였던
죽산 조봉암 선생.

나는 두 분의 주검 앞에 다짐했다.
다시는 희망을 갖지 않으리라.
다시는 미래에의 환상을 갖지 않으리라.
나는 영원히 침묵할 것이며
내 인생을 무참하게 만들었던
모든 것에 복수하리라.

하권에서 계속

오! 한강(상)
해방과 전쟁 (1945년~1959년)

초판 1쇄 발행	2019년 4월 25일
개정판 1쇄 발행	2025년 2월 17일
글	김세영
그림	허영만
펴낸이	신민식
펴낸곳	가디언
출판등록	제2010-000113호
주 소	서울시 마포구 토정로 222 한국출판콘텐츠센터 419호
전 화	02-332-4103
팩 스	02-332-4111
이메일	gadian@gadianbooks.com
인쇄 · 제본	㈜상지사P&B
종이	월드페이퍼㈜

ISBN 979-11-6778-143-7(04910)
     979-11-6778-142-0(세트)